菊竹清訓
東光園

Kikutake Kiyonori **Tokoen**

遠藤勝勧 監修　斎藤信吾＋塚本二朗＋Echelle-1 編

はじめに

鳥取県米子市の皆生温泉 東光園（以下、東光園）の本館（天台・1964年）は建築家・菊竹清訓の代表作のひとつとして知られている。2017年に登録有形文化財（建造物）に登録され、現在も多くの宿泊客を迎え続けている。本書は、東光園と菊竹家のご遺族などの協力を得て、菊竹が東光園に遺した業績とその魅力を広く伝えるため、本館を中心に菊竹自身と協働者の論考、計画時のスケッチ、図面などの資料、施工中から直近までの写真を中心に紹介するものである。

表1（表紙）：竣工当時の東光園本館の西側遠望（1964年撮影）。撮影：村井修 ©Osamu Murai
本扉（p.1）：大山からの日の出を背景にした現在の東光園（2020年撮影）。撮影：根本友樹
表4（裏表紙）：菊竹清訓オリジナルスケッチ 断面構成スタディ（p.21）の一部

目次

凡例

本書内の図版解説（写真以外）は、以下の原則に従っている。

資料名
縮尺｜図面作成年月日｜寸法（縦×横、mm）｜技法、素材｜所蔵もと

※現在「東光園」は「皆生温泉 東光園」が正式名称だが、本書では菊竹清訓が設計した当時の呼称のままとした。東光園の各建物の名称も当時の呼称のままとした。
※他書籍・雑誌からの転載原稿に関しては、「東光園」「ホテル東光園」など様々な表記となっているが、原文のままとした。
※上記と同じく他書籍・雑誌からの転載原稿に関しては、東光園の名称以外についても体裁を整える他は原文のままとした。
※各解説は本書編者による。

※ p.48 の向かいのページにあります

『菊竹清訓 東光園』購入特典
日本建築家協会〈JIA〉中国支部主催
「遠藤勝勧オーラルヒストリー」映像鑑賞コード
※ 2021年開催東光園館内ツアーにて
（聞き手：古谷誠章）

▶p.3 日本海に面した東光園の敷地全体を見下ろす。現在天台と呼ばれる本館の東側に庭園、北側に東西軸で配置された菊竹による新館（北館、東館）が見える（2021年撮影）。撮影：高橋菜生

1 現代建築への一歩

現代建築への一歩——東光園について

菊竹清訓

ホテル東光園の本館が竣工したいま、ふりかえって、ここで計画において問題にした二、三の点にふれてみたい。

まず最初の課題は、⑴ホテル建築というものの社会的・自然的位置づけにあったように思う。

戦前にあった、内容は西洋、形態は日本風のホテル建築が、戦後内容形式とも西洋のものとして出てきて、現在ようやく今後実体としてどういう施設が社会的に定着してゆくものか、そういう変化が一つと、建築自体が豪華な素材・設備をするという傾向のなかで、かえって本質的な問題が見失われてゆくのではないかという反省、この二つの問題がちょうどわれわれがホテル東光園を計画した時期（昭和27年）における社会的建築の状況であったように思う。

また自然にたいする（環境も含めて）技術の適用のしかたにおける認識において、いくつかの方向がみいだされつつある時期でもあったように思う。

それは出雲の庁ノ舎での「水切」の解決において問題にしたような多雨湿潤な気候にたいして、高床という空間的な解決もあれば、素材を太くするという解決もあり、ステンレスというような素材の材質による解決もあるということの自覚であり、できればこれを空間的に解決したいと意識しはじめた時期であったと言えよう。

つぎに、⑵代謝理論（とりかえの理論）の発展を実践において果たそうと決意したことである。

出雲において痛切に理論の必要を感じたわれわれは、この理論をあらゆる建築に適用し、適用することによって理論そのものの発展を計ろうと考えたことである。

代謝理論における建築のもっとも基本的な構造は、生物学における個体発生時の構造に暗示をうけ、京都国際会議場においては、〈あつまるもの、むすぶもの、ささえるもの〉の三つの空間によって、三つの空間の成立によってつくられるのではないかと考えていた。

このホテル東光園においては、あつまるものは分散した客室群であり、むすぶものはメインロビーであり、ささえるものはサービス関係・管理関係・機械関係の諸室である。この三つの基本的要素の組成にどういう構造を与えるかが、ここでの問題となったように思う。

第三に、⑶われわれはこれまで建築の空間をつくりだす素材を柱と床において検討してきた。この蓄積をホテル東光園にたいしてもそのまま適用していこうというなかで、いくつかの問題が問題になったように思う。

ここでの新しい展開は、柱を力の流れに分解し、これを視覚的に統一するというテーマであり、このため添柱・貫・付柱というような実態を構造デザイナーと討論したことであろう。その結果は4本の大小柱の組み合せということになったし、さらに言えば、そういう柱のつくる場の問題について、上階の場は柱をつうじて下階の場に影響するということである。

もし上階と下階において力の場が相互に影響しあうことが望ましくない場合、またそういう空間の積層の方法では、柱の位置と柱そのものを問題にすべきであろう。

これが露出した柱となり、サスペンションの柱となって、新しい問題を計画に与えることになってゆくのである。

つぎに、⑷色彩・照明・標示については、一つの生活装置としてこれを考えるということであった。

われわれはかねて建築を空間装置と生活装置の問題（近代建築1964年7月号）として捉えていたので、むしろ積極的に変化する要因として生活内容の変化、たとえばホテルの旅館化、あるいは利用形態の変化等によってとりかえられる部分として考えようとしたことである。

このために、粟津潔氏、向井良吉氏をわずらわし、これらの要因がどのような形で空間との新しい関係をつくりだしうるか、つくりだしうるとすればそれはどのような方向と形態においてであろうか、を問題にしあったように思う。

最後に、⑸ホテル東光園はそのすべてが新築ではない。今度の計画はほんの一部の本館である。

すでに庭園は流政之氏の手になり、大浴場は柴岡亥佐雄氏によってすぐれたものがつくりだされていた。

この環境にたいする理解は、一つのメタボリズムである。

ある部分、それが弱いとか、狭いとか、機能的でないとか、古いとか、理由はいろいろある。しかしある部分を更新するという時における問題は、あくまでメタボリズムの重要な課題そのものに他ならない。

そこでは、更新するということによってその影響は全体におよび、そこに新しい全体が生れるのでなければならないからである。

この本館は、更新においてこそシンボルの機能を果たさなければならない。

真の新陳代謝とはそういうものであろう。

ホテル東光園の計画を終って完成したいま、そのなかでいくつかの問題を思いうかべることができる。

しかしこれらの問題はここで終ったわけではないし、解決されたわけでもない。

いまもなお引きつづきわれわれの問題であり、東光園の成果によって新しい局面を迎えたとはいえ、いぜんとしてその課題であることに変りはない。

初出：『建築文化』彰国社、1965年4月号、p.66

◀p.4　東光園の模型の内部を覗く菊竹清訓。菊竹自身が表紙を飾った『週刊朝日』（朝日新聞社、1964年4月10日号）に掲載された。撮影：渡辺義雄　所蔵：情報建築

［左］現在の庭園と本館東側外観。本館北側には 1979 年に竣工した東館が見える。屋根は波をモチーフとしている（2014 年撮影）。撮影：伊藤愼一　初出：『Casa BRUTUS』、マガジンハウス、2015 年 1 月号
［上］竣工当時の庭園と本館東側外観（1964 年撮影）。撮影：村井修
▶ p.7　東光園の「変わらない部分」として計画された 1 階ロビー空間。主柱、添柱、貫による組柱がここにしかない場を生み出す（2020 年撮影）。撮影：根本友樹

［左］北館から見る本館北西側外観。エントランスの特徴的な庇が良くわかる（2014 年撮影）。撮影：伊藤愼一　初出：『Casa BRUTUS』マガジンハウス、2015 年 1 月号
［上］南側外観（1964 年撮影）。撮影：新建築写真部
▶ p.9　現在の西側外観（2020 年撮影）。撮影：根本友樹

◀p.10 1階ロビー・ラウンジ（2020年撮影）。［上2点］2階からロビー・ラウンジの吹き抜けをみる。［下］4階空中庭園（2020年撮影）4点とも撮影：根本友樹

非統合の統合──菊竹清訓のホテル東光園

伊東豊雄

菊竹清訓が設計した「ホテル東光園」が竣工したのは1964年秋である。東京オリンピックが開催されたのは1964年であるから、丹下健三の「国立代々木屋内総合競技場」とほぼ同時期の作品である。丹下作品のなかでも稀代の名作と言われている「国立代々木屋内総合競技場」以上に何故私が「ホテル東光園」に魅せられるのか。それはこの作品に対する私の特別な想いが込められているからである。

私が菊竹清訓のアトリエで働き始めたのは1965年4月であるが、その前年、東京大学建築学科四年生であった私は、夏休みの一ヶ月を彼のオフィスでオープンデスクの学生として過ごし、さらにその直後、工事の最終段階に入っていた「ホテル東光園」の工事現場を見学に訪れた。

この体験は建築を学び始めて間もない私にとって強烈な印象を与えた。それは私を建築の設計に没入させる契機となる程の強いインパクトを与えたのである。

学生時代、私はいまひとつ設計にのめり込めないでいた。建築はまず論理を形成して、それに従ってつくられるものだと思い込んでいたからかもしれない。

菊竹清訓との出会いは、そして「ホテル東光園」との出会いは、そんな私の思考を吹き飛ばしてくれた。何故なら論理は設計に先立って形成されるのではなく、「もの」との長い闘いの過程において生じてくるものであることを教えられたからである。この真実を知らされた瞬間から、建築は私にとって生涯のエネルギーを費やす価値のある対象となった。

「ホテル東光園」の特質は、まずその構造形式にある。六本の柱と二本の大梁から成る構造システムは、日本の神社の大鳥居を連想させる。各柱は四本の添え柱と貫によって補強されており、その姿は瀬戸内の水中に建つ厳島神社の鳥居のシルエットに重なってくる。

この大梁から二層の客室群が吊られており、この客室内に入った際の浮遊感は吊り構造ならではの体験である。また大梁の上には展望レストランが置かれているが、この部分は鉄骨の柱梁の上部にHPシェルの軽い屋根が冠せられている。HPシェルの屋根はそれ程大きくはないが、この建築の外観にとって大きなシンボル性を与えている。HPシェルは菊竹の自邸である「スカイハウス」や「出雲大社庁の舎」等初期作品に見られる要素のひとつであるが、ここでも大きな効果を生み出している。

この建築がつくられた1960年代の日本は、近代主義建築の最初のピークである。経済も急成長を遂げ、すべての目は「欧米に追いつき、追い越せ」と、日本の外へと向けられていた時代である。そんな時代に菊竹の「ホテル東光園」はコンクリートやスティールの構造体を用いながら、日本の伝統にダイレクトに迫る表現を実現し得たのは驚きである。これは彼が福岡の豪農の家に生まれ、日本文化を深く継承する環境において幼少期を過ごした経験が大きな影響を与えているからであろう。

さらにこの建築の魅力は、複数の要素がそれぞれ独立性を保ち、相互に対峙し合いながら統合されている点にある。地上から立ち上がる下層階、上から吊られた上層階、さらに大梁の上に載るスカイルーム、これら三つの空間を庭側に張り出した垂直の階段、エレベーターシャフトが連なり、大きな構造体がそれらを統合する。互いに異なる方向へ向かおうとする力のベクトルがひとつの建築のなかにせめぎ合っている。非統合の統合とでもいったらよいのだろうか。

日本の現代建築のほとんどはきわめてソフィスティケートされ、さまざまな要素を削ぎ落した抽象性によって美しい佇まいを示している。だが、このようなソフィスティケーションの先には一体何が待ち受けているのか。その先には「静かな死」しかないのではないか。そのような建築に囲まれている時、菊竹清訓の「ホテル東光園」は荒々しく、素朴だが、生命の喜びを力強く謳歌しているように感じられる。

初出：Harvard Design Magazine No.35F ／ W2012（Harvard University Graduate School of Design）

日本語訳・補筆しての掲載：『菊竹学校（伝えたい 建築をつくる心）』「菊竹学校」編集委員会 編著、建築画報社、2015年

▶p13 ［右］竣工時の東側の組柱を見上げる。コンクリートの出目地は溝を彫った型枠板によるもの（1964年撮影）。撮影：新建築写真部
［左上・左下］模型写真（1963年頃撮影）撮影：小山孝　所蔵：情報建築

現代への挑戦—遠藤勝勧に聞く東光園設計の端緒—

斎藤信吾

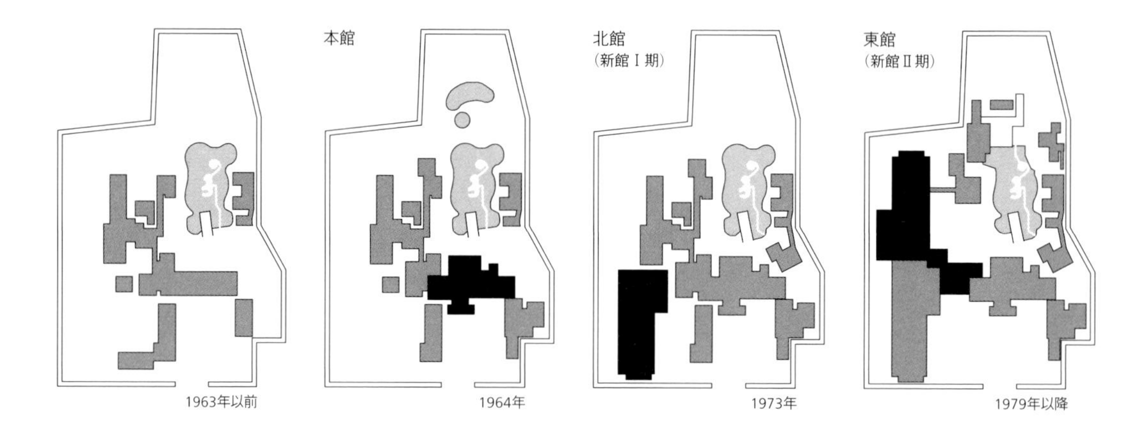

山陰には菊竹清訓の建築が今なお多く存在する。菊竹が設計した皆生温泉の東光園本館は、旧島根県立博物館（現島根県庁第三分庁舎、1959年）と出雲大社庁の舎（1963年）が竣工した後、1964年に完成した。菊竹の山陰での仕事の中で比較的初期に位置する。自邸スカイハウスが1958年に竣工する直前、菊竹は島根県から旧島根県立博物館の設計を依頼されている。1950年代、後に島根県知事となった田部長右衛門は、久留米市の石橋正二郎（ブリヂストンタイヤ［現ブリヂストン］の創業者）に招待され、菊竹が設計を手掛けた石橋文化センターの中核施設、旧石橋美術館（現久留米市美術館、1956年竣工）を訪れていた。1955年から菊竹事務所に在籍していた遠藤勝勧によると、田部が「私は近いうちに島根県知事になります。知事になったら島根県に建てる建築があり、建築家を紹介してください」*1と石橋に依頼したことが、旧島根県立博物館の設計が始まった端緒だという。間もなく田部は島根県の知事に就任し、同時期に山陰で菊竹が最初の設計を始めることになる。

旧島根県立博物館の設計が始まった際、菊竹が宿泊や打合せで使用していたのが、日本海を北に望み、霊峰大山が東に佇む老舗旅館東光園だった。当時の記録を辿ると、東光園の離れと大浴場（1957年竣工、現存しない）は建築家・柴岡亥佐雄の設計で、大浴場の湯口（福山市原産赤坂御影石の造り）、壁画（風を模したモザイク画）、灯籠（松江市中海に浮かぶ大根島原産島石の造り）、また天台の庭園が彫刻家・流政之の設計であったことがわかる。遠藤によると、流は菊竹に東光園で助言をしたという。「菊竹さん、島根の仕事をする際、いきなり松江に行って、タクシーなんかで県庁に立ち寄って、それで知事と話しても駄目だよ。それでは何も話ができないよ。米子から松江まで通いなさい」*1。米子と松江の周辺には今なお、中海や宍道湖という山陰の美しい風景が残っている。皆生温泉から中海を通って松江に入る行き方は2つあった。ひとつは中海の南側の産業道路（国道9号線）を通る行き方、もうひとつは素朴な山陰の風景が残る、中海の北側を通る行き方である。菊竹は流の助言の通り、北側の道にてタクシーに乗り、道中聞き込みやスケッチを行ったという。山陰の風景や文化を理解し、田部の強い信頼を受けた菊竹はやがて出雲大社庁の舎の設計を任せられることになる。また、出雲大社庁の舎の外構、池を流が設計していることからも、菊竹と流の信頼関係を想像することができる。遠藤は出雲大社庁の舎の設計プロセスを通じ、菊竹を述懐している。「菊竹さんが世界的建築家になれたのは、最初から設計が上手だからという感じではないです。設計し建築を建てる時に、その土地に配置する意味、あらゆることを研究して、それを無駄にしないように記録をします。そうやって設計し、建てていけば、設計は誰がやってもきちんとできるという信念がありました。ただそれを線にするのも、柱ひとつなんかも、何で生まれてくるかっていうことを這いつくばって求めた人に他の人は敵わないんです。その中で菊竹さんもいろいろ世に問うような建築を造っていたんですね」*2。

1964年竣工した東光園本館（天台）は庭と既存建物の余白を縫うように、それらのサービスの向上を目指して配置計画が行われている。遠藤によると、既存の天台の庭と、中広間がある北側の建築、また南側の別棟の配置を考慮し、中央主柱の東西軸線の位置が最初に決められたという。東西軸線から12mずつ北側と南側両方に配された軸線上に柱が追加され、東光園の平面的骨格が完成。更に北側と南側へ軸線から6200mmずつ床を張り出すことによって要求された床面積を満たすことに成功している。当初、柱は構造計算上2m角もの大きさが必要

本館鉄骨建て方の施工時写真（1963年頃撮影）。所蔵：情報建築

だったが、鳥居の構造に見られるような主柱と添柱に分解する方法を採用し、900mm角の主柱1柱と500mm角の添柱3柱、また南北軸上の2つの主柱の中心に500mm角の独立柱を1柱配置することによって、特徴的なエントランスロビーの空間が生まれている。主柱の側面と添柱の対比が見るものに迫り、「柱が空間に場を与える」ことに成功したのだ。

その後、1972年に新館Ⅰ期として北館、1979年に新館Ⅱ期として東館が、本館（天台）の北側に増築され、新しい時代の需要に応えてきた。流が造った庭園を借景に更新され続けた建築と、東に佇む大山の悠久なる風景との対比が、東光園の魅力のひとつである。

［上］1972年頃の庭園からの眺め。かつての中広間がまだ残っている。所蔵：情報建築
［下］北館増築計画のスタディー模型（計画案）の写真。日本海に向けたテラスを持つ段状の計画だったことがわかる。所蔵：情報建築

*1　2021年2月23日、東光園で行われたシンポジウム「菊竹清訓 ホテル東光園 誕生の舞台裏―遠藤勝勧氏に聞く 対談 遠藤勝勧×古谷誠章」（日本建築家協会〈JIA〉中国支部主催）より

*2　2015年10月20日に行われたシンポジウム「建築士のスケッチ力―方法の実践から組織のちからへ―」（一般社団法人東京都建築士事務所協会 文京支部セミナー vol.2）より

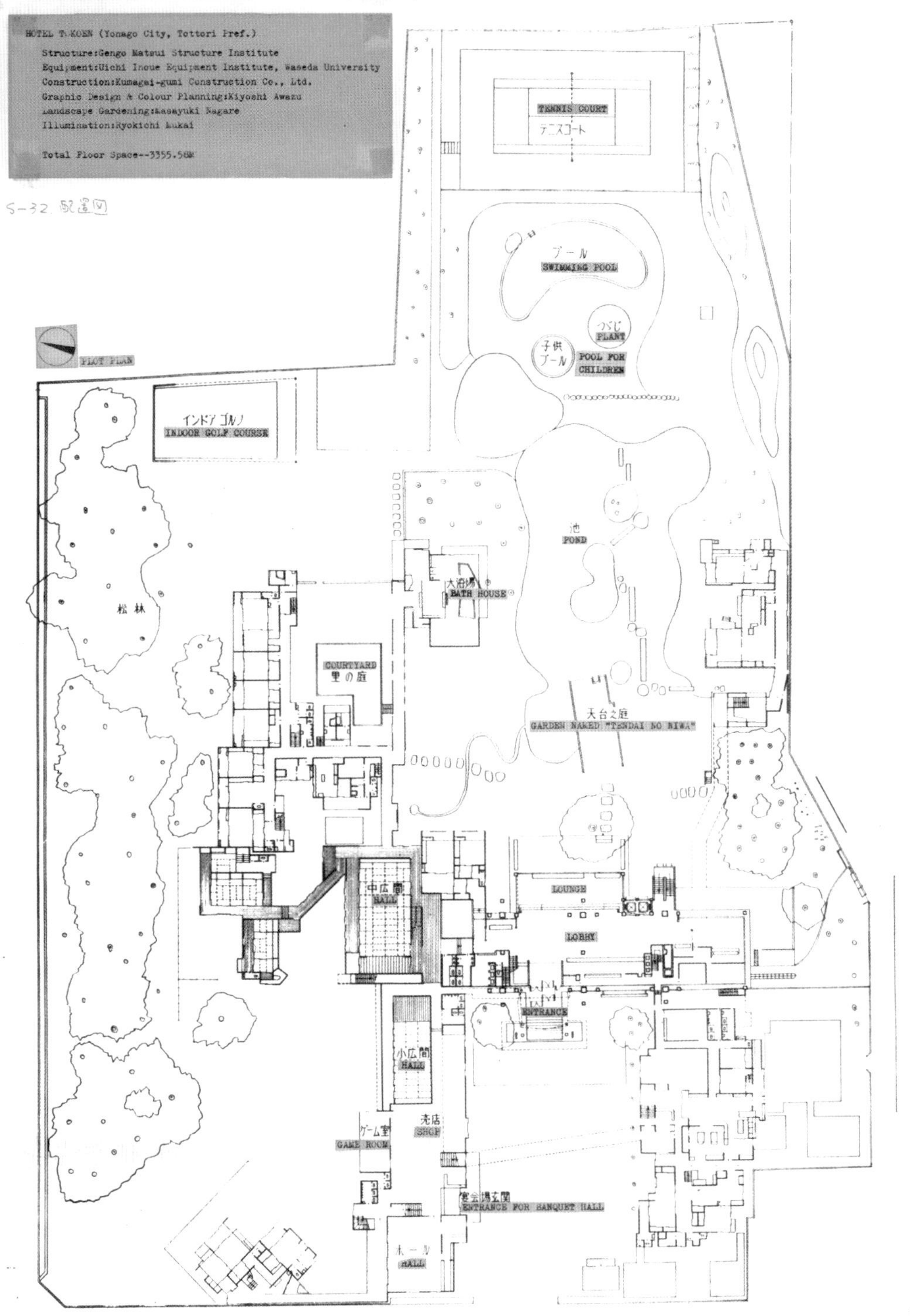

配置図（1964年竣工時）
-｜-｜574×438｜鉛筆・インク・紙｜情報建築
菊竹による本館計画時にはすでに、皆生温泉の老舗和風旅館としての骨格ができあがっていた。その既存の水平に伸びる客室や宴会場へのサービス部門の効率化と、東光園のパーソナリティーの中心となるべく本館の配置は計画された。

［上段左·中］鉄骨建方時。組柱で持ち上げられた大梁から 5、6 階の床を懸垂する 2 本の P.C 鋼棒が吊られている様子がわかる。雨水などが下層の施工に影響しないように大梁の下にキーストンプレートを敷いている。　［上段右］コンクリート型枠工事。組柱、大梁から施工している様子がわかる。
［中段左から］コンクリート工事。大梁のコンクリート型枠が外れた状態。各階スラブを打設中の様子。／7 階スカイルーム屋根の鉄骨建方。／7 階屋根のシェル構造の型枠工事。
［下段左から］7 階屋根のコンクリート打設工事。／雲に覆われた大山を背景とする、施工中の本館西側外観の遠景。／施工中の東側外観。庭園側からの見上げ。　9 点とも 撮影：遠藤勝勧

ロビー・ラウンジの様子（1964年撮影）。
撮影：作本邦治

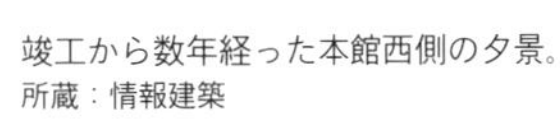

竣工から数年経った本館西側の夕景。
所蔵：情報建築

［左から］竣工当初の家具や天井の色彩がわかる、7階スカイルームの様子。所蔵：情報建築／シェル構造によるスカイルーム屋根。所蔵：情報建築／本館東南側遠景。撮影：遠藤勝勧／北館の4階に配されたダイニング・宴会場の大空間の床を支える特徴的な方杖（1973年頃撮影）。所蔵：情報建築

2

柱は空間に場を与え 床は空間を規定する

菊竹清訓

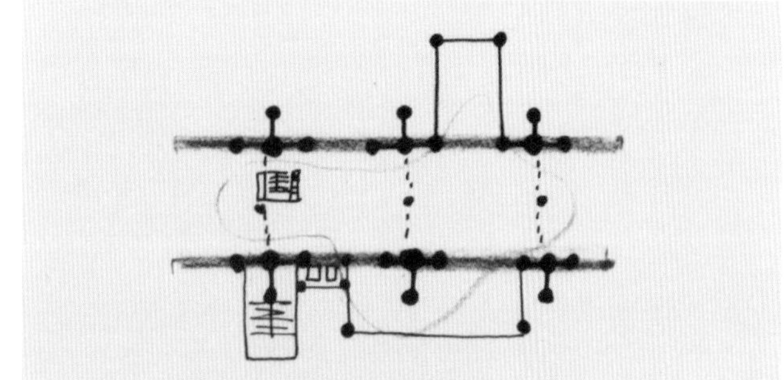

［3点とも］本稿発表時点での代表的なプロジェクトである、ブリヂストン殿ケ谷第一アパート（1956）、スカイハウス（1958）、セコニック工場（1961）、館林市庁舎（1963）、出雲大社庁の舎（1963）、東光園の柱と床を模式的に表した菊竹のスケッチ。所蔵：情報建築

私は、設計仮説のなかで、「か」から「かた」にうつるときに、テクノロジーを媒介とすることをのべた。

これをもう少し厳密にいい直せば、機能体系を空間組織におきかえる場合、そこに客観的法則性が適用されなければならないということになる。

しかもなお、その適用においてつねに現代的でなければならないというのが、現代建築にとって重要な、「現代のかた」をつくりだすうえでの態度だといおうとしたのであった。

そこで、ここでは、機能と空間のあいだを橋渡しする基本的なテクノロジーについての問題をとりあげて、「かた」の段階の前提として、どういうことが問題として介在するかにふれてみたいと思う。

「**柱**」については、これまでにも壁と柱という形で、とりあげられており、柱のもつ意味、内容は明らかなところであるが、私はここで設計仮説の立場から柱の問題をとりあげたいと思う。

柱は、空間に場を与えるものである。

我が国では、よく巨木の幹に、しめなわを張って神木として祀っているが、この樹をみるとき、われわれはその幹のもつ経年数の迫力にも打たれるが、と同時にこの幹が、上部構造としての枝葉のつくる天に比すべき小宇宙と、地下に張ってこれを支える下部構造としての樹根を、一つに結ぶという幹の緊張感に、しばしば感動するのである。たとえ幹の上部が切りとられても、われわれはあるべき上部構造を想像して同じ感動をうけとるであろう。これは幹が、無限に拡がった空間のなかに、場をつくっているのであって、柱はこの幹と同じような役割をもつのである。祭場を設営するとき、4本の竹を四隅にたて、これになわを張りめぐらすとき、われわれは、空間の場を、よりはっきりと意識する。しかし、この場の意識は平面的であって、柱のしめすような、感動的な場ではない。一つの約束といってしまえば、それでとおるほどの、はかない場にすぎない。

即ち柱は空間に場を与えるが、その場の強さは、柱の支える力に比例するのである。マルセイユのアパートの2000tの力を支える一本のピロティのつくる場と、パーゴラを支える柱のつくる場は、おのずから異なった場の緊張感となって表われてくる。

私は、柱において、とくに我国の異なった横力をうけとめる柱において、この場をどう考えていくべきかを実践をとおして考えつづけてきた。

1958年のスカイ・ハウスにおいて，私は版状の柱（2400×300）で、住居空間に強い場を与えようとしたのである。これが壁柱の最初であった。

しかしより大きなスケールの空間にたいしては、等厚の版状壁柱では構造的に合理的ではなくなる。したがって端部の断面を増し。壁柱の肉厚を薄くするという方法をとってこれを、セコニック高層工場や、ブリヂストン横浜工場カテナリー体育館の計画に適用したのであった。

しかしまた、端部をふくらますという壁柱においても、壁面の大きさが、大きくなりすぎる場合、壁柱としての一体的な構造的効果はうすれ、空間の場の緊張もゆるんでしまう。これは、早大構造研究室の松井源吾博士の光弾性の写真の結果に歴然とあらわれる。博士が壁柱におこる応力を検討される写真に私は場の緊張度をそこから読みとろうとしてきた。広い壁画は、もはや柱としての緊張を失うにいたるのである、館林の市庁舎の壁柱は、このため付柱、付梁とでもいうべきリブを、所要の部分に設けて、応力の分布を、視覚化し、壁柱の緊張度を、補おうとしたのであった。

私は、それぞれの段階において、壁柱の方法をなお探したいと考えているが、同時に、この設計以後「貫」という新しい手段を発見したことで柱を壁から開放するという方向に、一方において進むことになっていくのである。

東光園の計画案における主柱と、添柱、これをつなぐ貫の構成による空間の場は、これまでになく、私の考える緊張の強さを示してくれたのである。あるいは、軸方向力の柱と、横力用の柱という風にもいえるかもしれないが、少くともこれまでのRC架構における場のあいまいさからは、救われたように思えた。そして、この架構の方法をおしすすめていくとき成長する空間において，横力のうけ方の変化にたいして適応できるかもしれないという現代の問題へのつながりについての希望をもちうることも、一層私を勇気づけたのである。

東光園の計画においては、「テンションの柱」という新しい問題がとりあげられているが、これはまた別の機会にゆずることにして、主柱と添柱と貫という「柱貫方法」は、さらにわれわれの計画した、佐渡ホテルで、具体化され、その有効性が、確認されたのである。

自由な構造という問題が、柱の追求によって、ようやく解けていくように私には思われるのである。しかし私は、あくまで構造技術としての、「柱貫構造方式」を問題にしようとしているのではない。

柱が空間に、いかなる場を与え、場をつくるための柱を柱貫構造方式でどう考えていくかについて、考えているのである。ルイ・カーンが、4本の柱のなかに空間があるというとき、私は彼のかく4つの点が、空間をとりまく壁に見えてしかたがなかった。柱は、柱のまわりに場をつくるのであって、空間は柱の内側でも外側でもない。ル・コルビュジエが、近代建築の5原則のなかで、柱と壁をかたくななまでに引きはなそうと主張するのは、《柱のつくる場》を、彼一流のするどい洞察で予感したからではなかったか。私は、真に力をうけもたない柱、不必要な柱、必要以上に巨大な柱等々の柱に興味をもたない。

だからまた私は、柱は力そのものの表現であり、素材そのままの柱が、空間に場を与えるのに最もふさわしいものではないかと考えるのである。「**床**」こういう柱の問題とともに、床(ユカ)の問題がある。

水平な床は、直接的に人間生活を支えるという物理的な意味と同時に、我が国において培われてきた床にたいする安定感という心理的な意味を、ひっくるめて、**床は空間を規定する**と私は考える。

屋外の能舞台や露台にたいして、われわれは規定された空間を感じるのである。床が天井や壁より強くまず空間を規定し、限定することができるということをいいたい。清水が、パリーのエッフェルだといわれるのは京都にたいする高さの設定という意味において正しいが、しかし高さという点だけでは、あの清水の舞台と言われる拡がりをもった床は必要ではないであろう。床がつくりだす空間は、無限でもなく、また観念的な限定というものでもない。われわれが当初より追求しているフラットスラブの問題というのは、あくまで空間を規定はするが、遮断したり区切ったりはしない空間を規定する床の追求であり、床と空間の関係にたいしてであった。

床のスケールは、単に建築のみにとどまるものではない。都市において、新しい人間の空間を獲得するための池袋計画におけるデッキの設定は、他ならぬ「都市の床」への提案であり、海上都市は人工の最も人間的な「都市の床」をつくることにたいする提案であった。

京都国際会館において、「車の床(ユカ)」と「人間の床(ユカ)」に分けて考え2つの基盤（plat form）を段差をつけて設けたのも、総会のための大会議場のレベルと、実質討議のための中小会議場のレベルをスキップにしたことも、この床の空間概念を適用したものであって、即ち一つづきの空間は、スキップにすることによって、これを2つの空間に規定できるという考えが、その基礎となっているのである。私は、空間に場を与える柱と、空間を規定する床の問題に、わずかしか触れえなかったかもしれないが、私がいいたかったのは「かた」のまえにあるテクノロジーを背景とする、われわれの求めている空間概念についての問題を、明らかにすることであった。

おそらくまだ多くの問題が、ここにはあるであろう。われわれは、「現代建築のかた」をつくっていくために、それらの問題に、やがて直面させられるであろう。そのときまた、この問題に詳細にふれたいと思う。

初出：『建築』青銅社、1963年9月号、p.130

組柱とロビー（1964年撮影）。撮影：小山孝　所蔵：情報建築

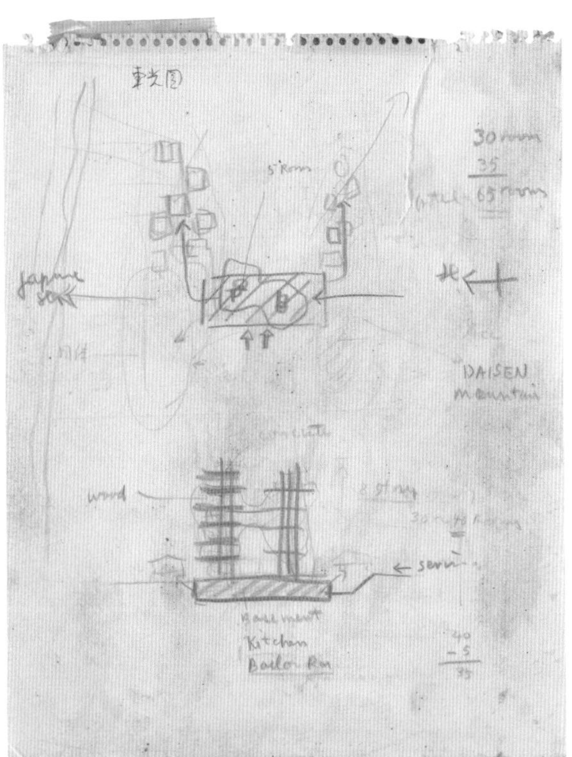

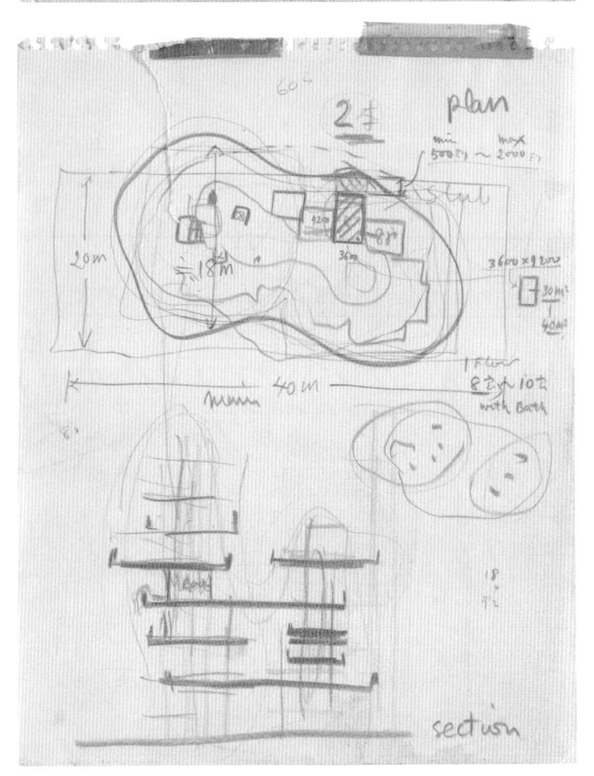

［上］**菊竹清訓オリジナルスケッチ 初期検討スタディー**
-｜-｜243 × 194｜鉛筆・色鉛筆・紙｜情報建築
［下］**菊竹清訓オリジナルスケッチ 初期検討スタディー**
-｜-｜243 × 194｜鉛筆・色鉛筆・紙｜情報建築
実施案同様、厨房などサービス部を施設の中心となる本館に集約している。客室はコアが支える有機的な床にランダムに配され、立体庭園のように重ねられている。

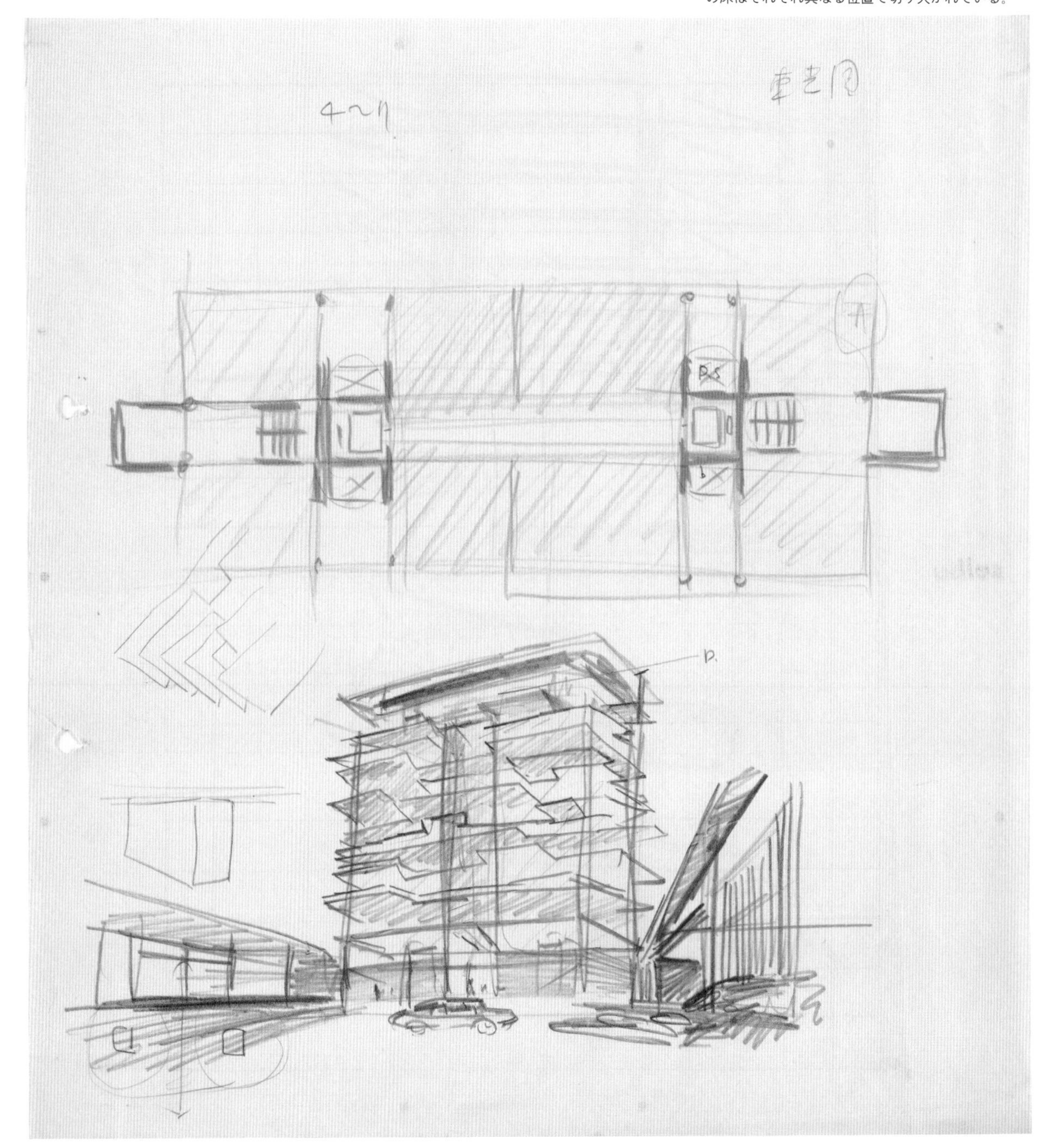

菊竹清訓オリジナルスケッチ 初期検討スタディー
-｜-｜267 × 250｜鉛筆・色鉛筆・紙｜情報建築
客室はコアが支える矩形の床となっているが、各階の床はそれぞれ異なる位置で切り欠かれている。

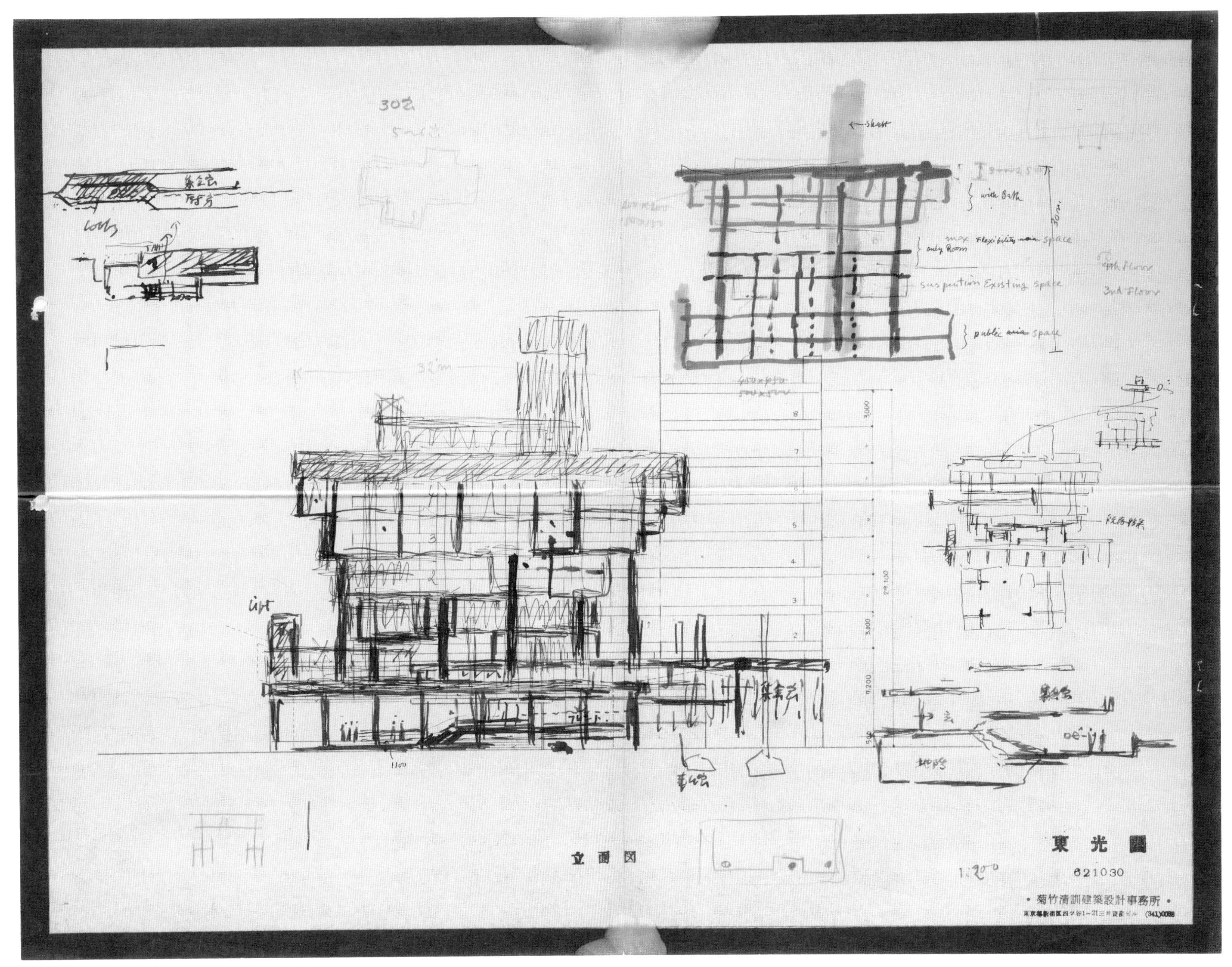

菊竹清訓オリジナルスケッチ 断面構成スタディー
1：200 | 1962/10/30 | 380 × 501 | 鉛筆・色鉛筆・インク・紙 | 情報建築　実施案に近い断面構成図。2 階は 3 階の床から吊られているのが興味深い。

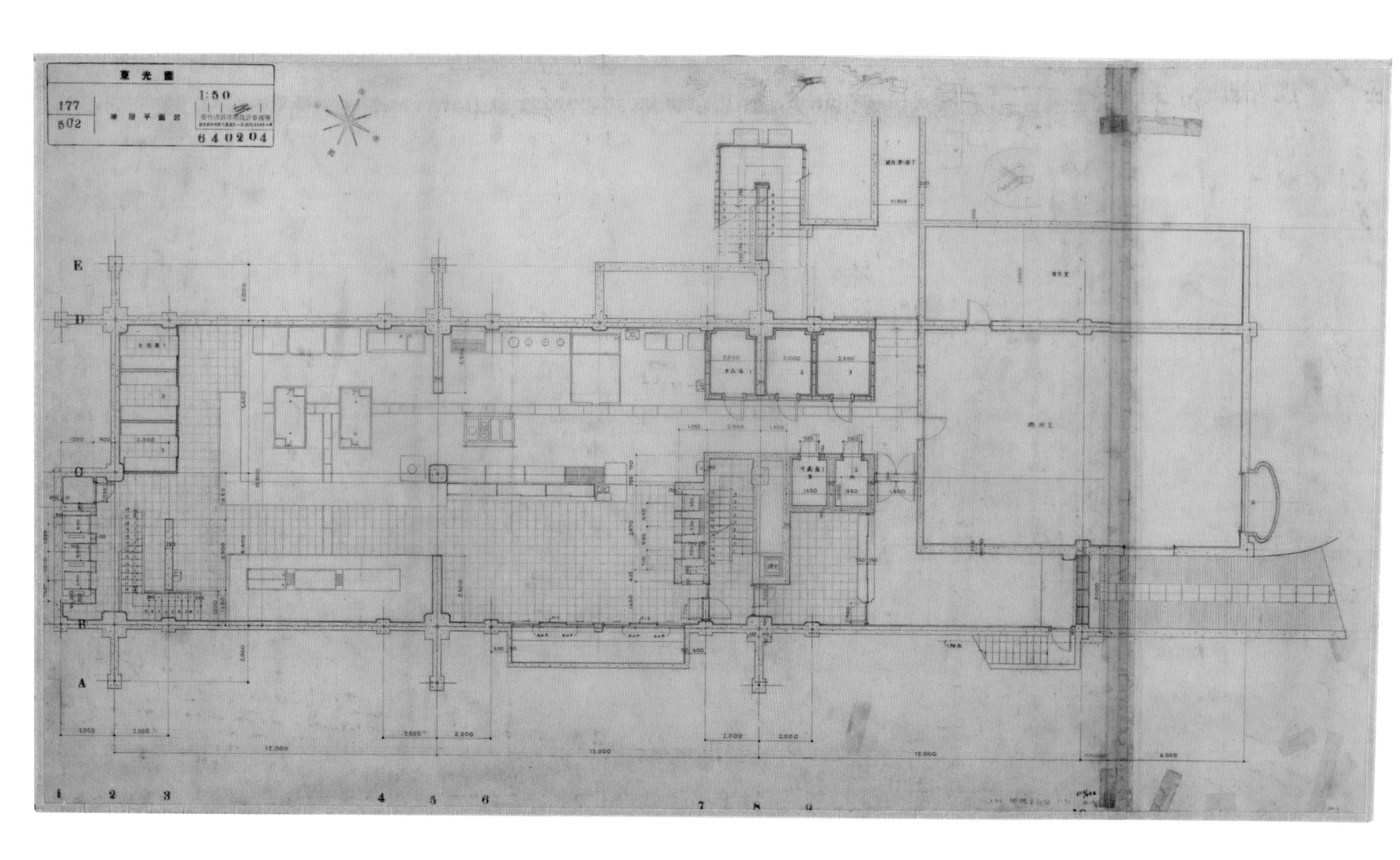

地階平面図
1：50 | 1964/02/04 | 539 × 991 | 鉛筆・インク・トレーシングペーパー | 情報建築

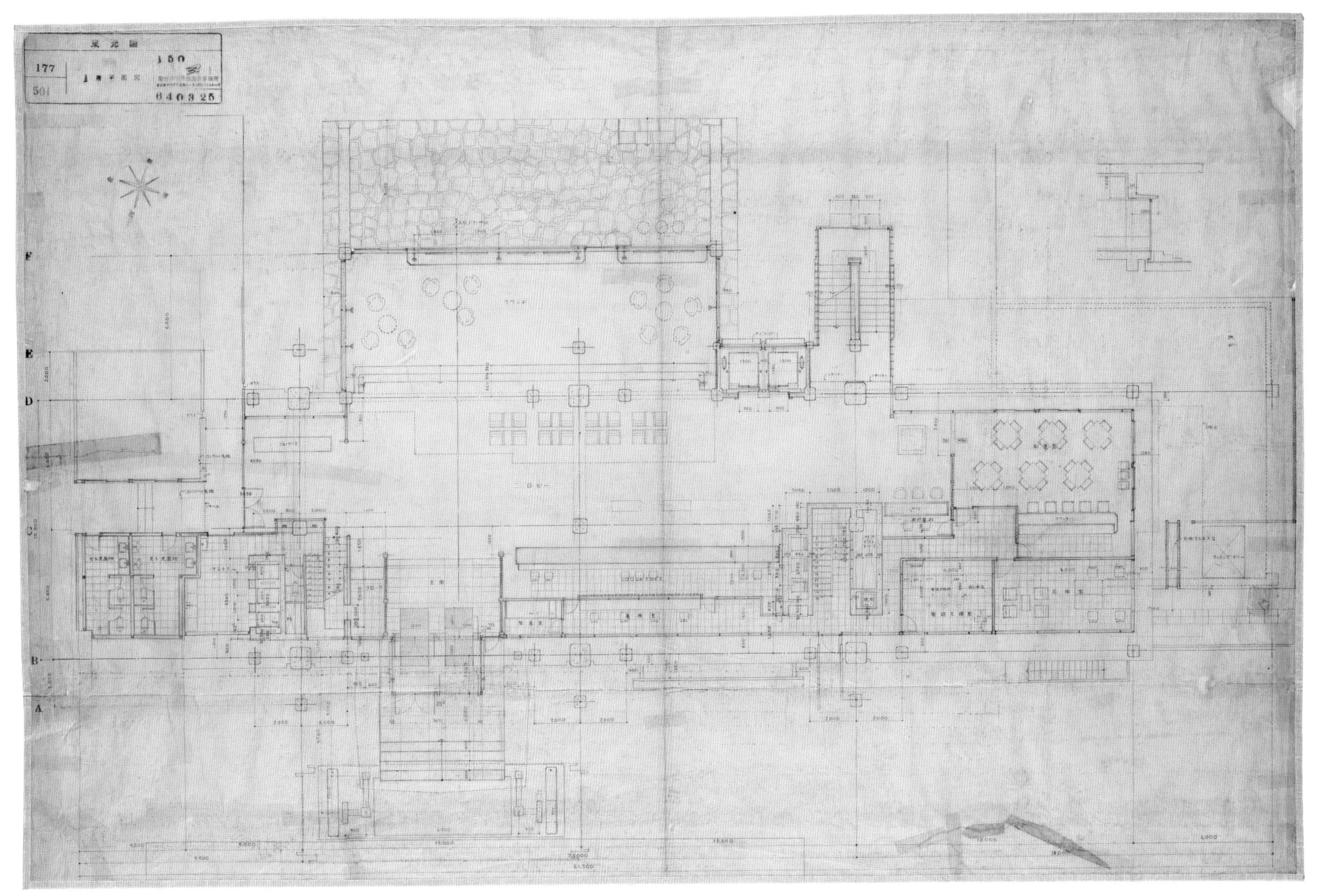

1階平面図
1：50 | 1964/03/25 | 718 × 1097 | 鉛筆・インク・トレーシングペーパー | 情報建築

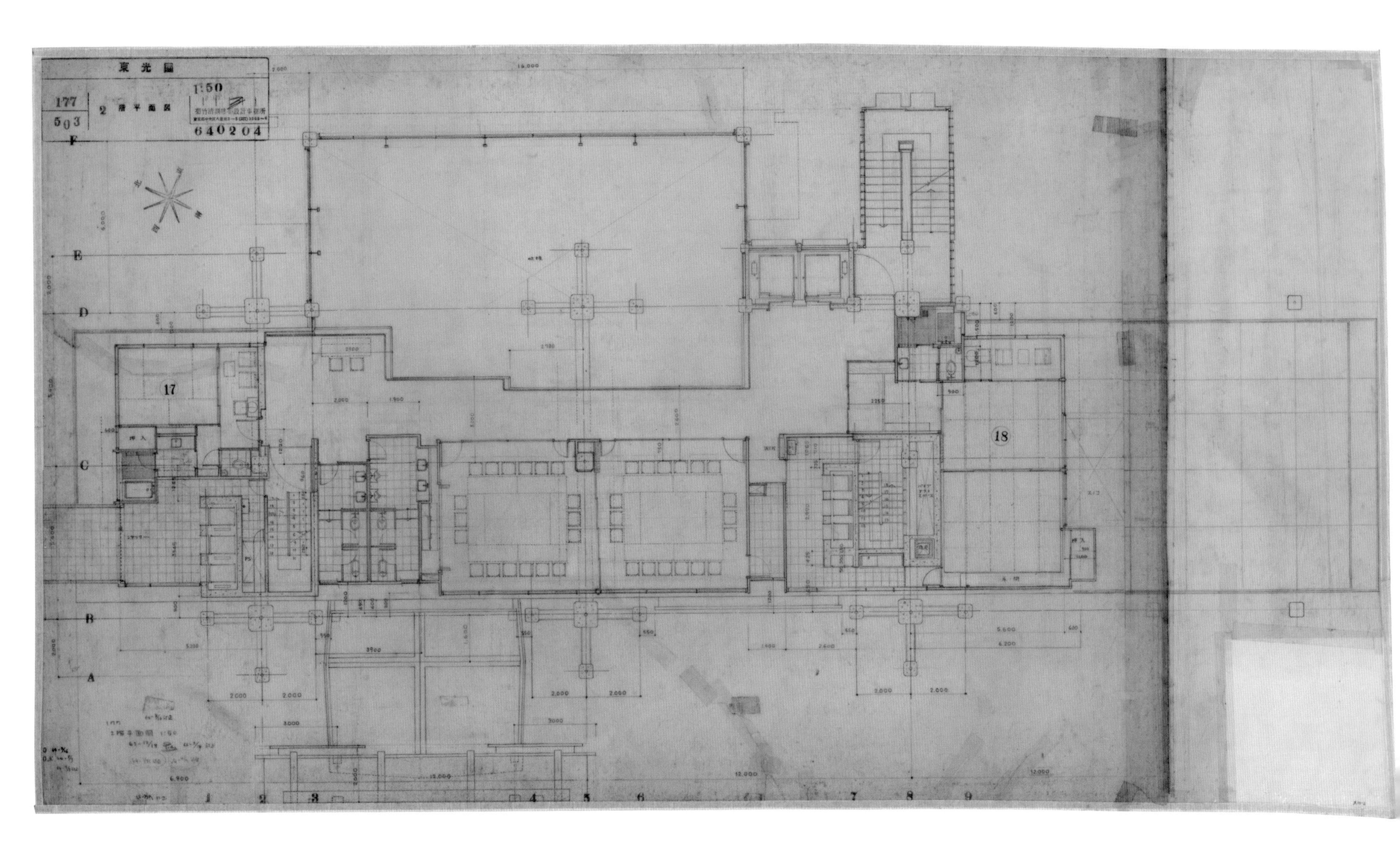

2 階平面図
1：50 | 1964/02/04 | 541 × 990 | 鉛筆・インク・トレーシングペーパー | 情報建築

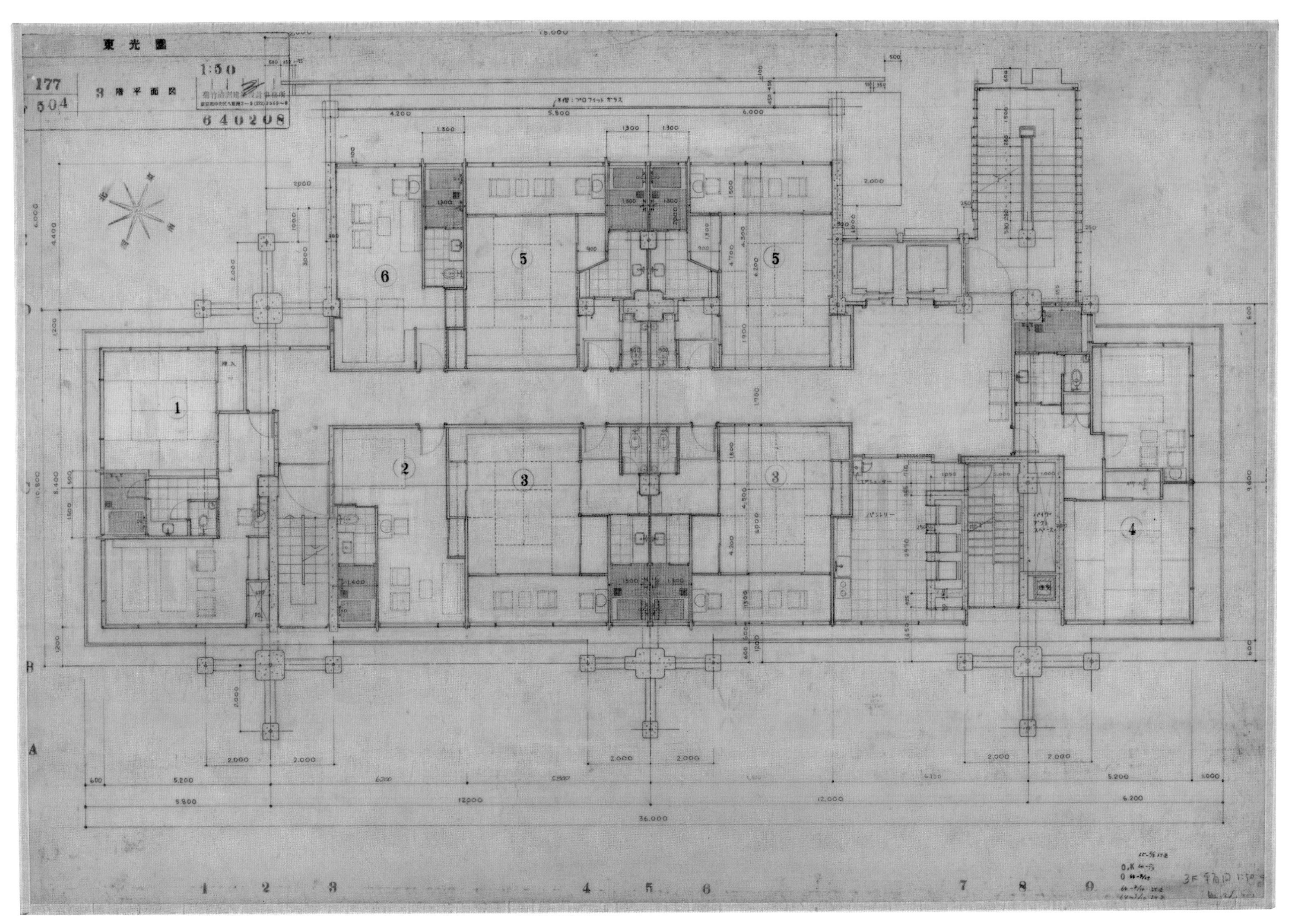

3階平面図
1：50｜1964/02/08｜537 × 789｜鉛筆・インク・トレーシングペーパー｜情報建築

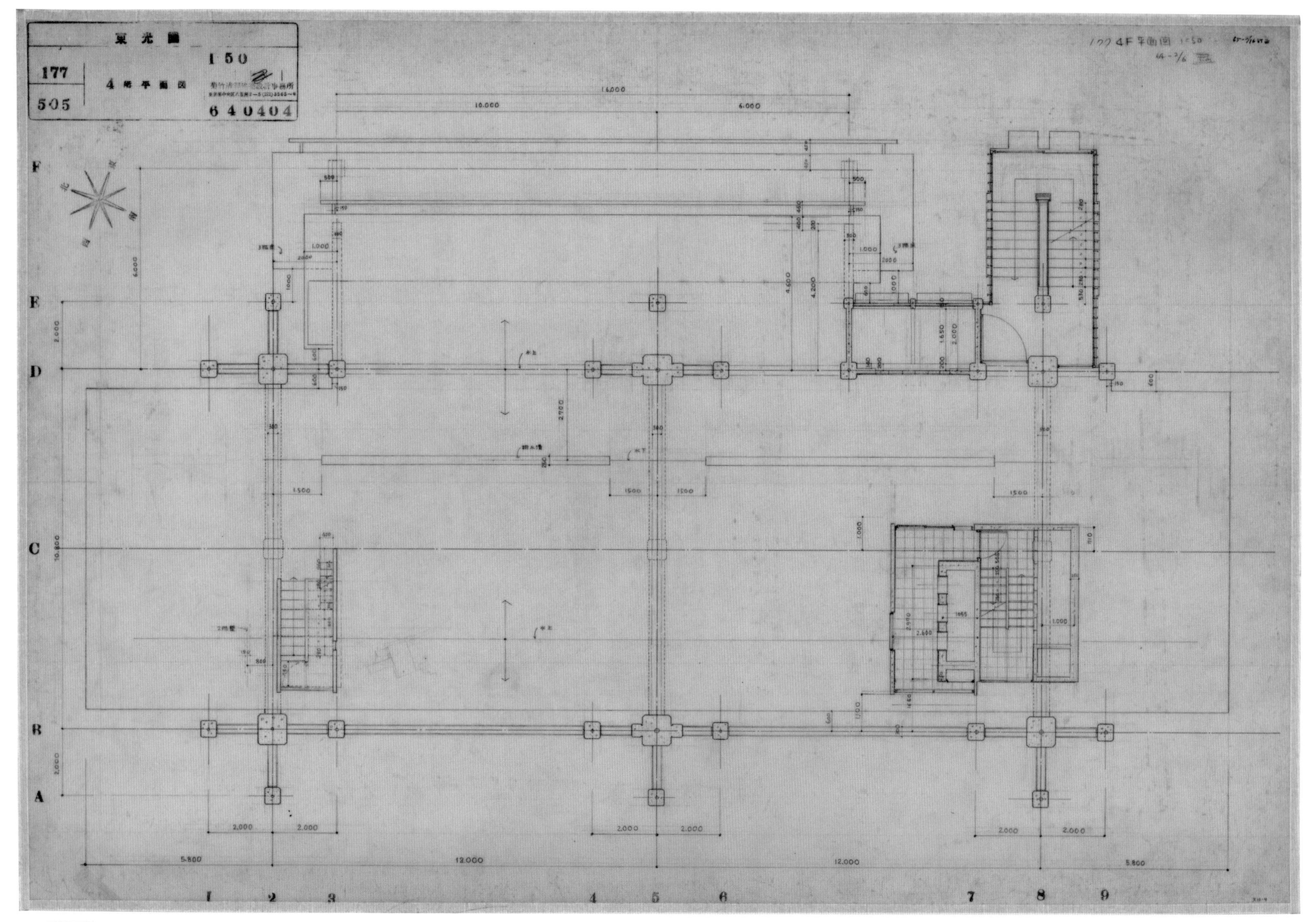

4 階平面図
1：50 | 1964/04/04 | 538 × 795 | 鉛筆・インク・トレーシングペーパー | 情報建築

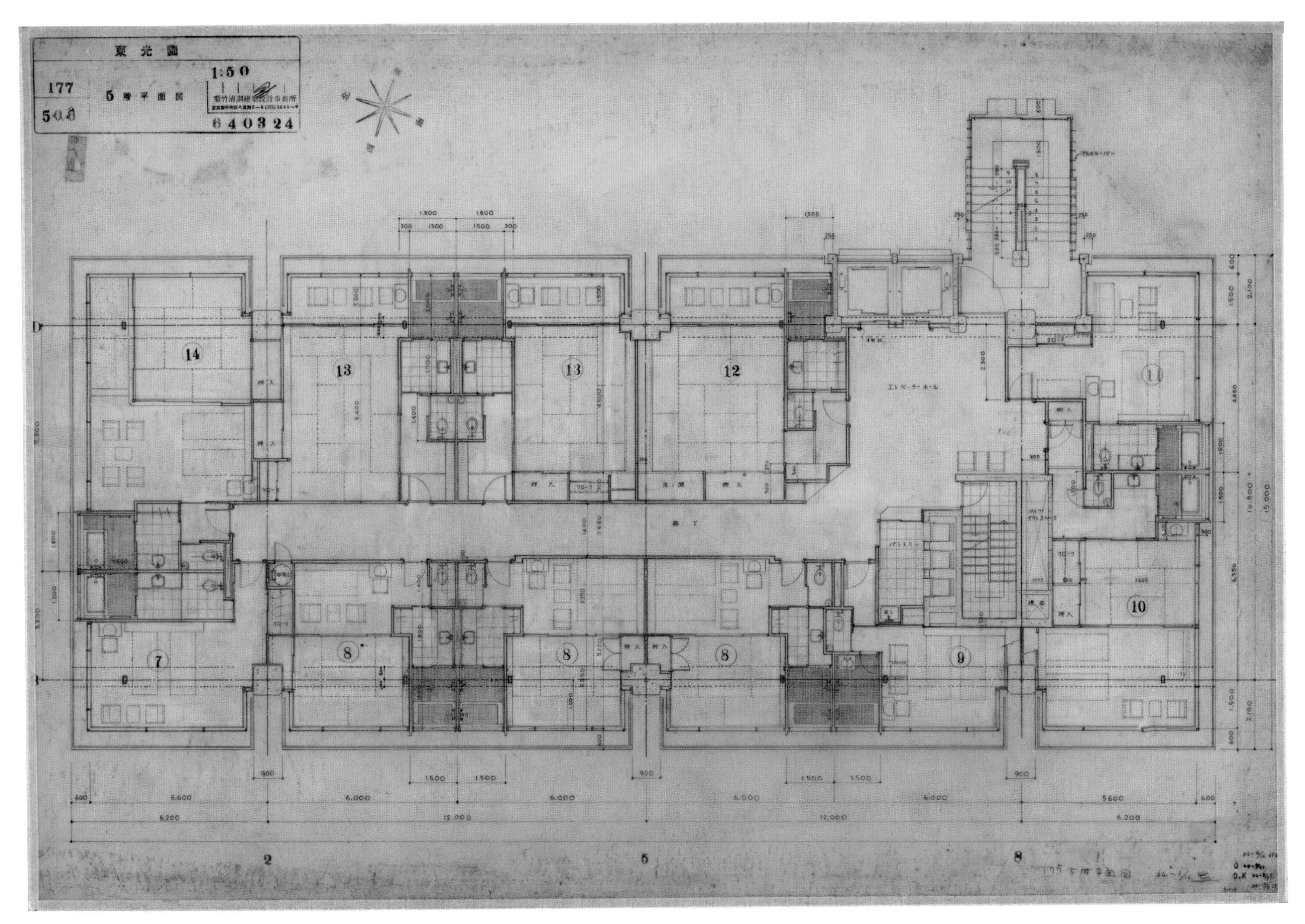

5階平面図
1：50 | 1964/03/24 | 537 × 793 | 鉛筆・インク・トレーシングペーパー | 情報建築

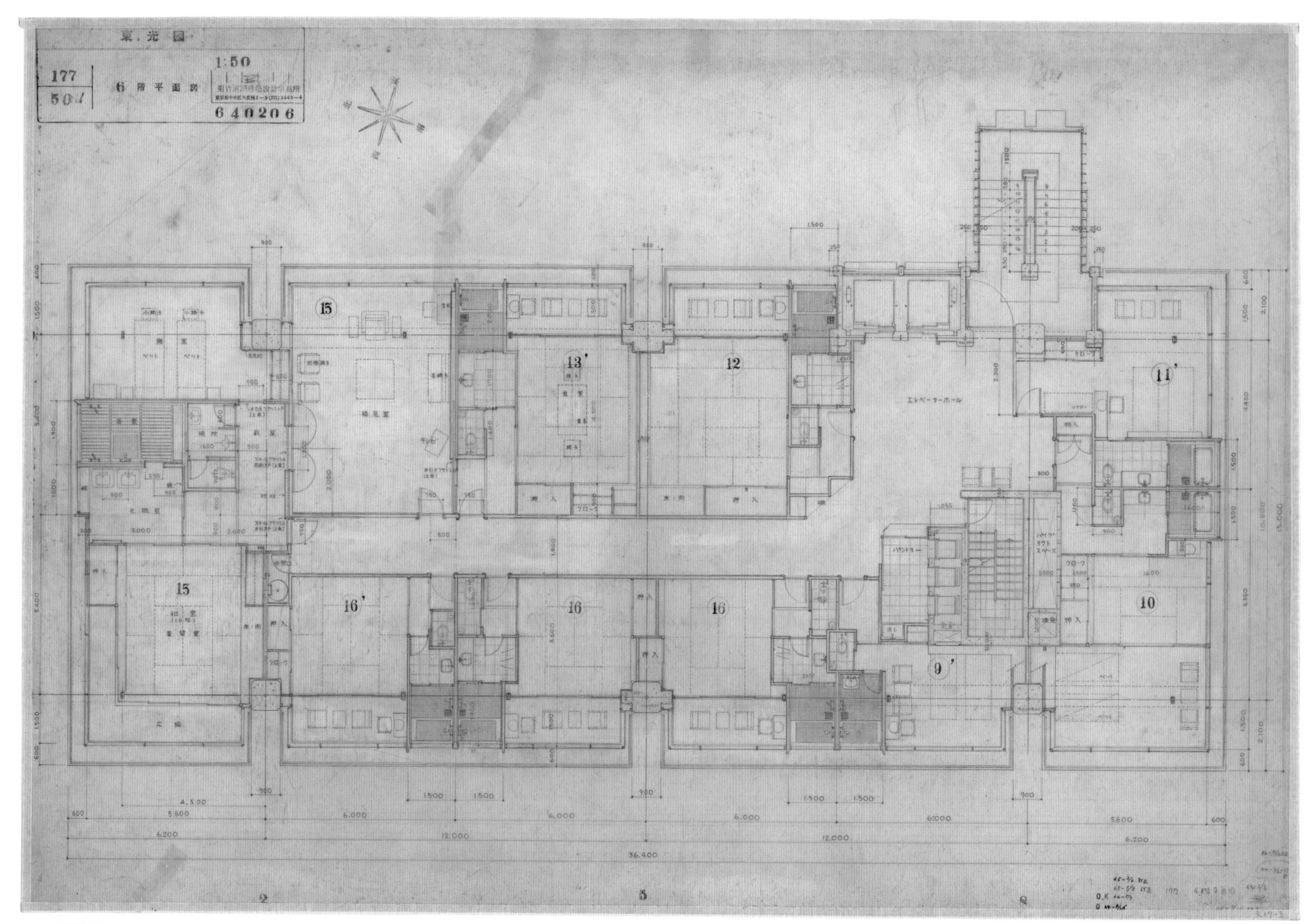

6階平面図
1：50 | 1964/02/06 | 536 × 793 | 鉛筆・インク・トレーシングペーパー | 情報建築

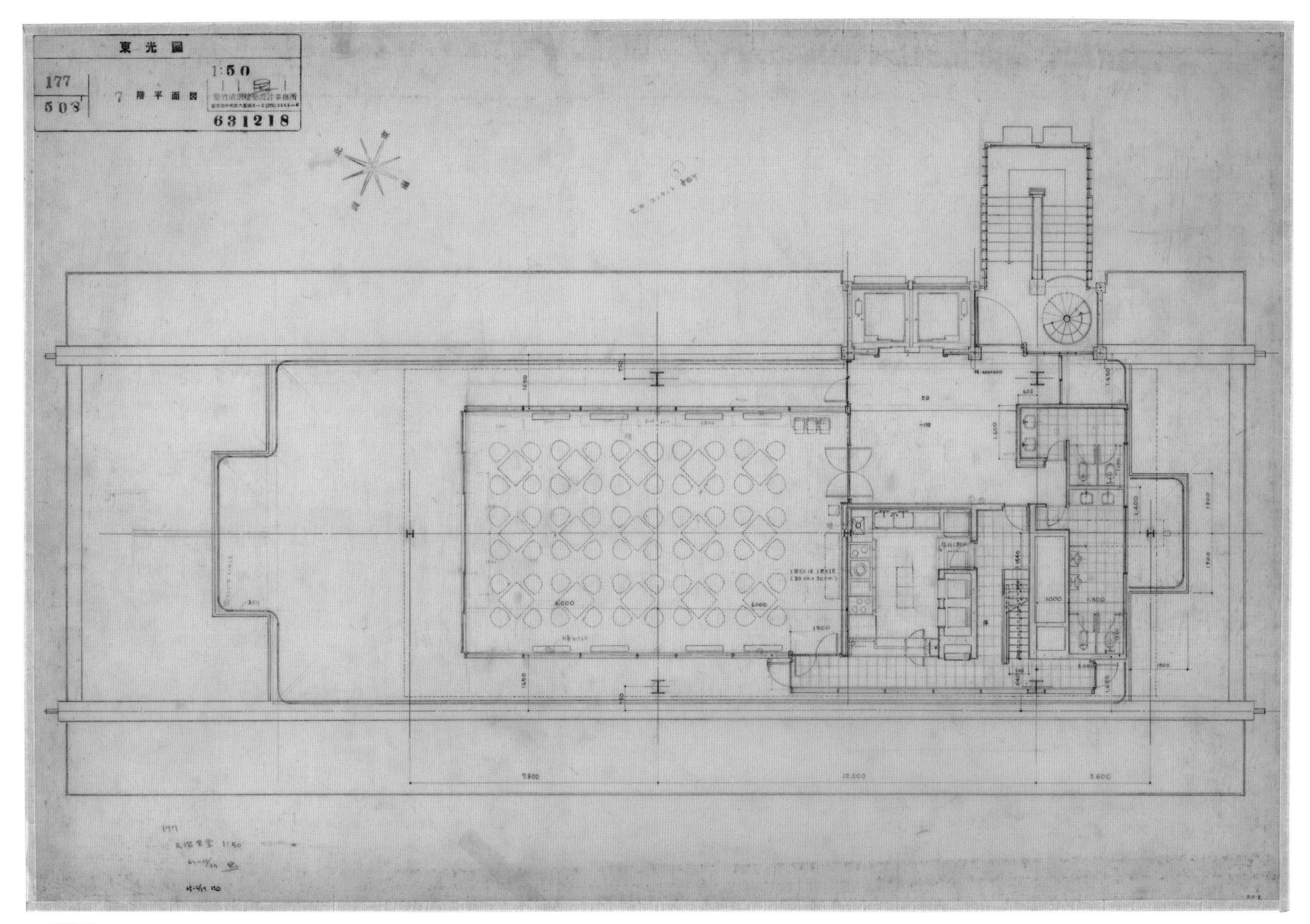

7 階平面図
1：50 | 1963/12/18 | 537 × 790 | 鉛筆・インク・トレーシングペーパー | 情報建築

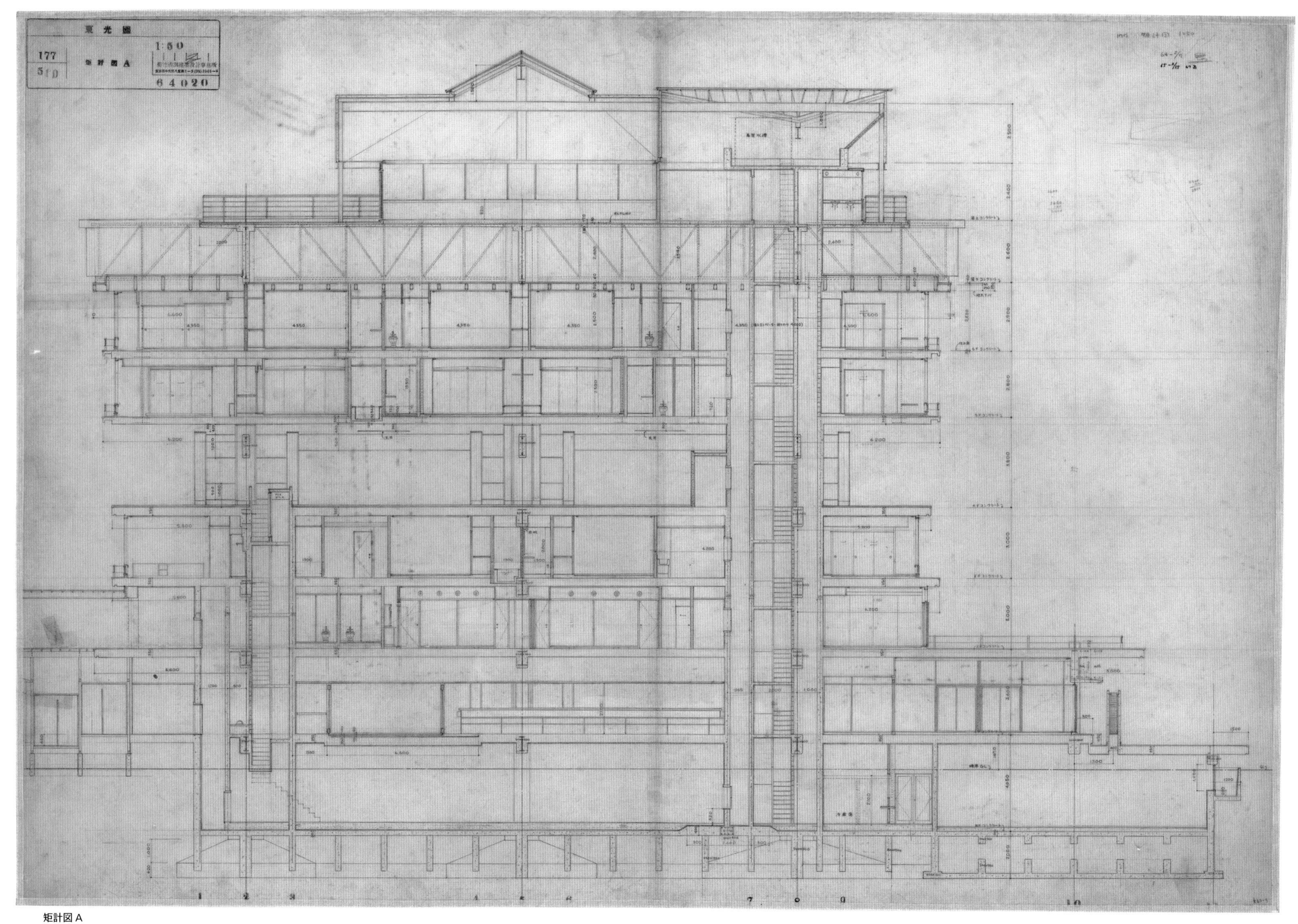

矩計図 A
1：50 | 1964/02/- | 746 × 1092 | 鉛筆・インク・トレーシングペーパー | 情報建築

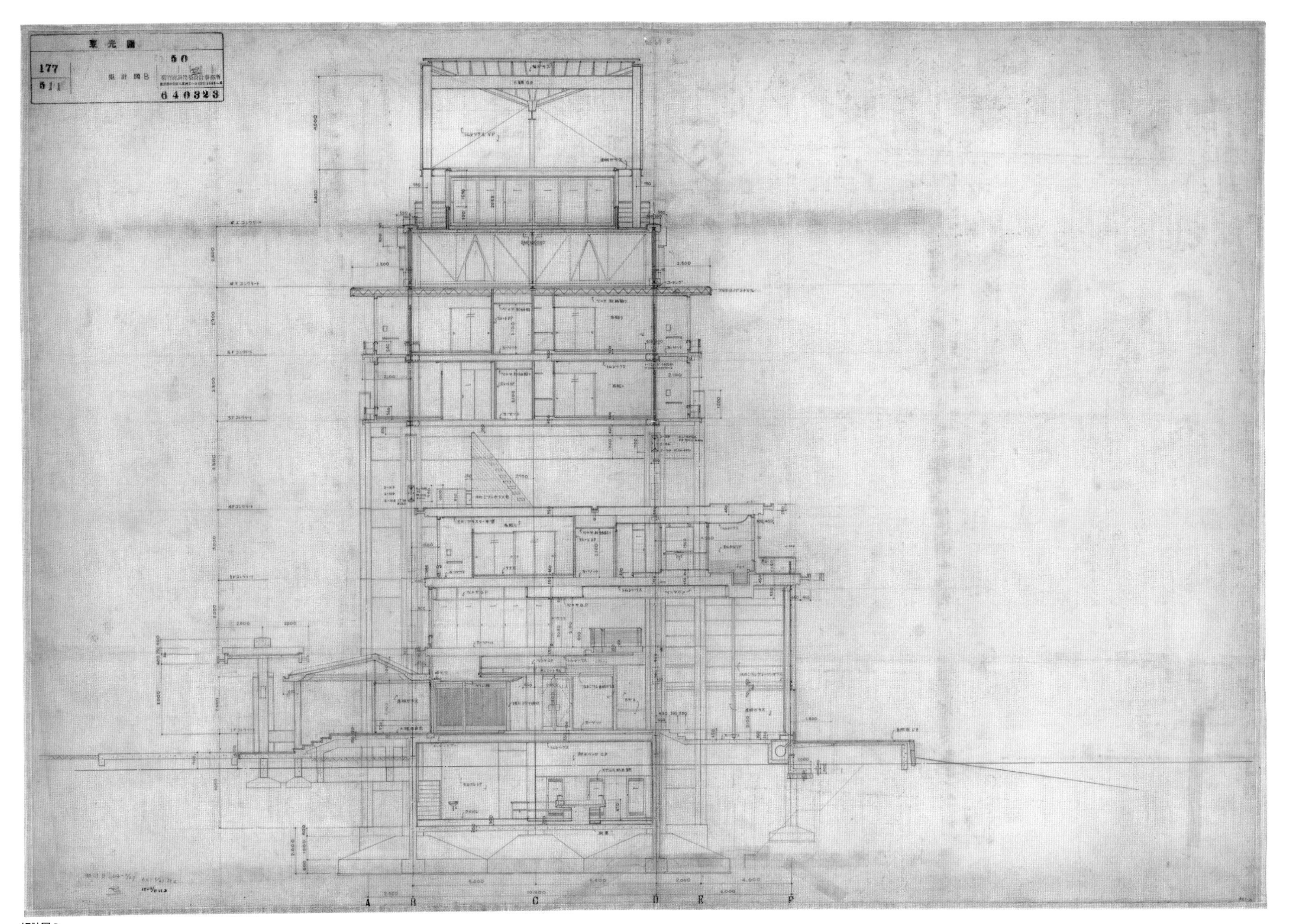

矩計図 B
1：50 | 1964/03/23 | 754 × 1091 | 鉛筆・インク・トレーシングペーパー | 情報建築

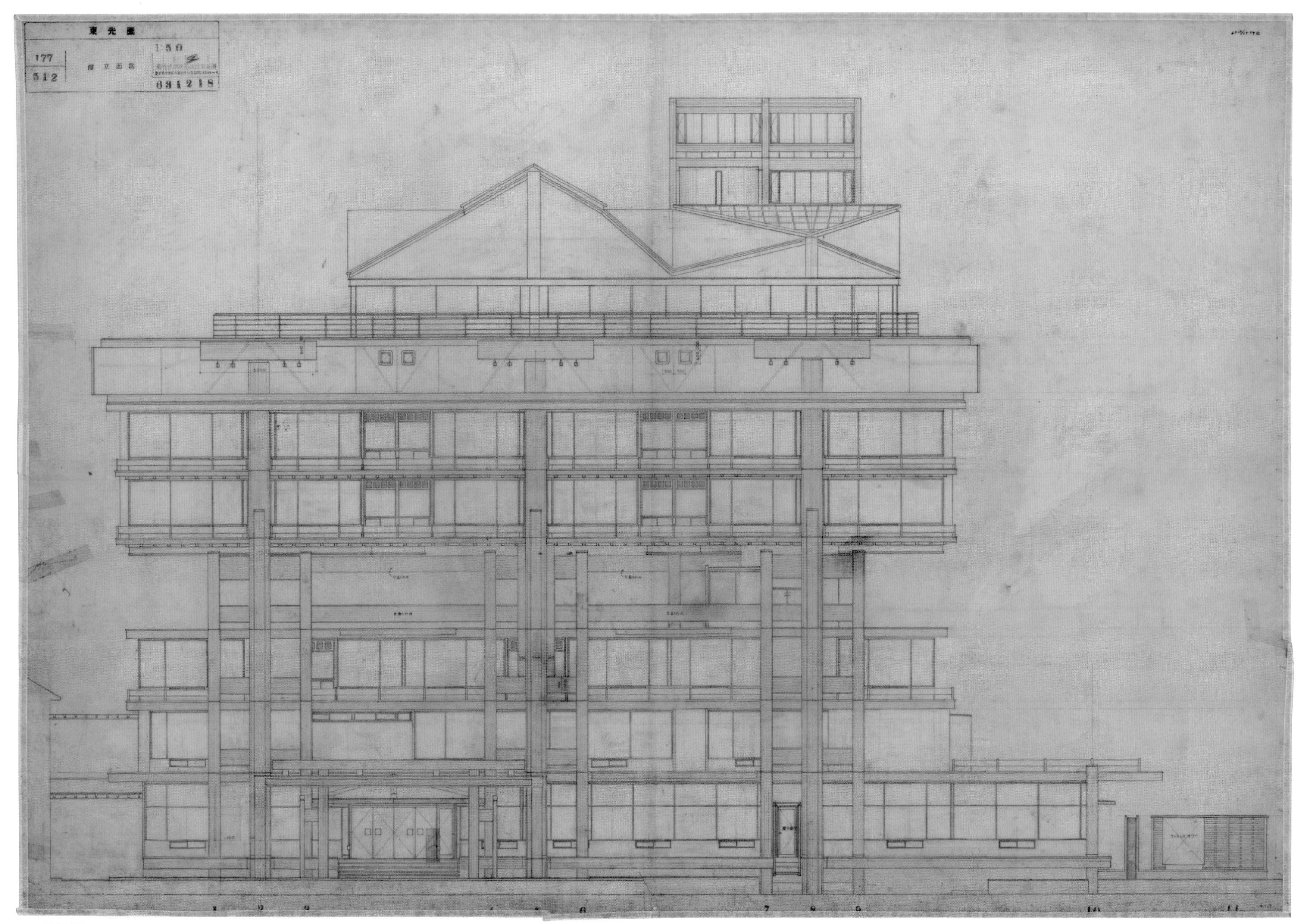

西立面図
1：50 | 1963/12/18 | 754 × 1091 | 鉛筆・インク・トレーシングペーパー | 情報建築

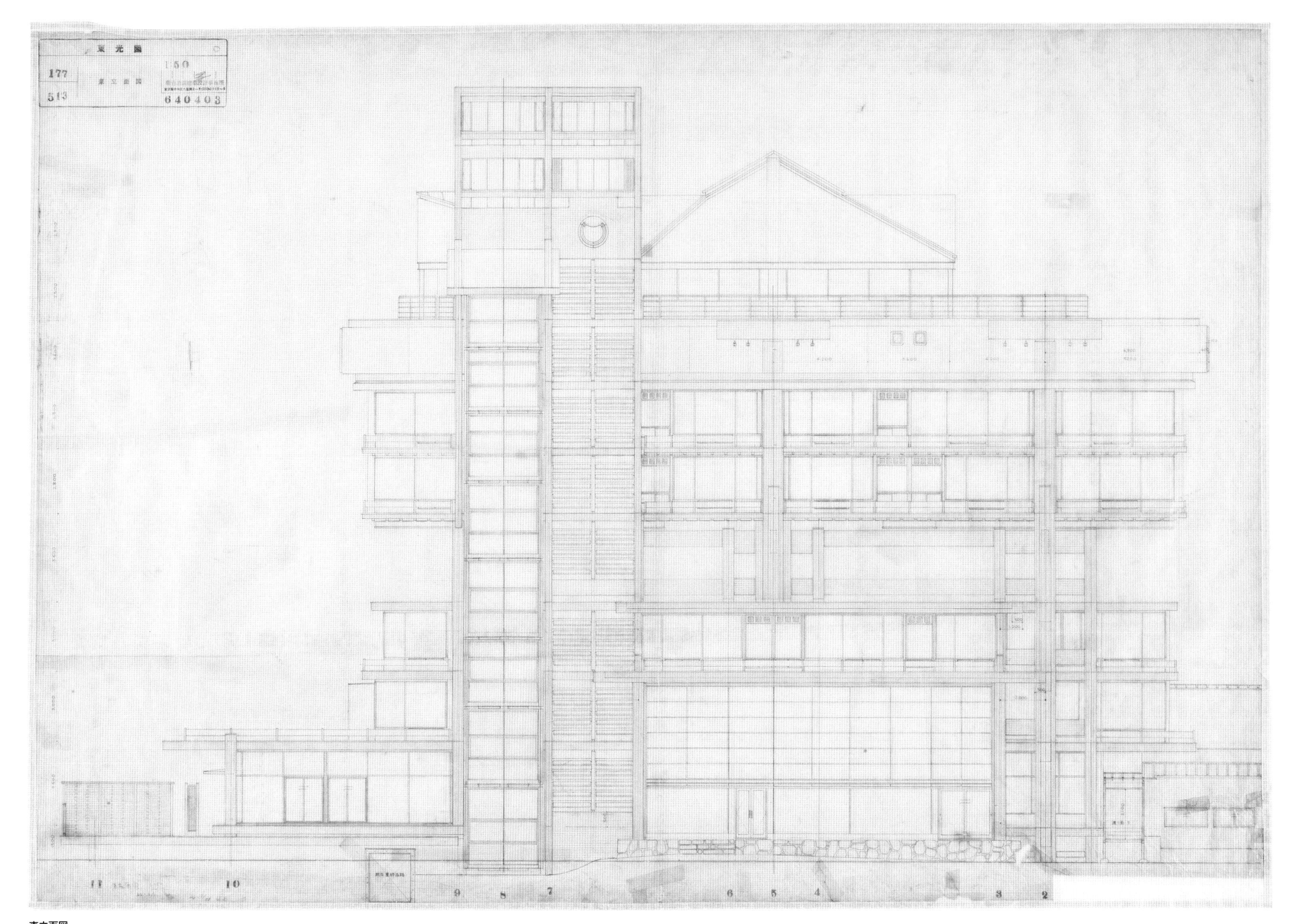

東立面図
1：50 | 1964/04/03 | 752 × 1096 | 鉛筆・インク・トレーシングペーパー | 情報建築

3 構造

東光園の構造計画

松井源吾

貫梁と添柱

壁や筋違と共にラーメンも耐震要素の一つであるが、横力をうけた時に梁や柱に大きな曲げが起きて変形も大きくなる短所がある。しかし、壁や筋違のように空間を遮断しないのが長所である。この長所を生かし短所をおぎなうものとし貫梁がある。

写真 1 は貫梁のないときとあるときの横力をうけるラーメンの光弾性写真（等色線）である。(a) に比べて (b) は縞の数が少なく、従って応力が小さいことを示している。この場合の曲げ応力は図 1 のようになり、梁や柱の曲げが貫梁のために小さくなっている。わが国では木造建築においてこの貫梁を耐震要素として古くから用いている。木造の梁と柱の接合部は固定にしにくいが、貫梁と柱は固定しやすいので、貫梁が多く用いられたのであろう。筋違があまり用いられず、貫梁が多く用いられたのは、その開放的性質によるものであろうか。菊竹事務所設計の M 研究室（「建築文化」216 号）は 2 階建のリフトスラブ工法によるもので、横力は貫梁を入れて柱と H 型のラーメンとして抵抗させている。

スラブと柱はピン接合なので、古い木造建築の手法と同じものである。安東勝男教授設計の佐渡真野小学校は R.C3 階建であるが、貫梁を使用している。これは R.C 造であるから床梁と柱でラーメンを構成しているが、貫梁の使用によって柱の曲げ応力が小となり、柱断面を小とすることができた。

貫梁は長さを必要としない。短い方が剛度が高くなり、かえって効果的である。スパンの大きなときには添柱を設けてこれを貫で結んで本柱を補強する方が、長い貫を入れるより有利である。宮島の鳥居や木橋の添柱はよく知られているが、ホテル佐渡（「建築文化」216 号）やホテル東光園の本柱も添柱と貫で結ばれて補強されている（p.14 写真参照）。

古い木造建築の手法からも、力学的に再検討することによって鉄骨や R.C 造にも通用する手法が見出されるものである。

（松井源吾）

写真 1-(a)

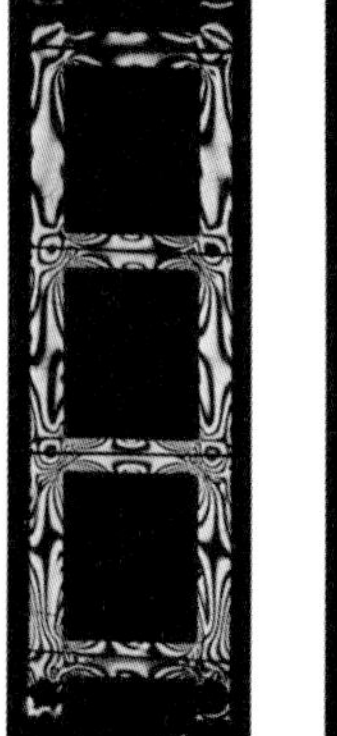

写真 1-(b)

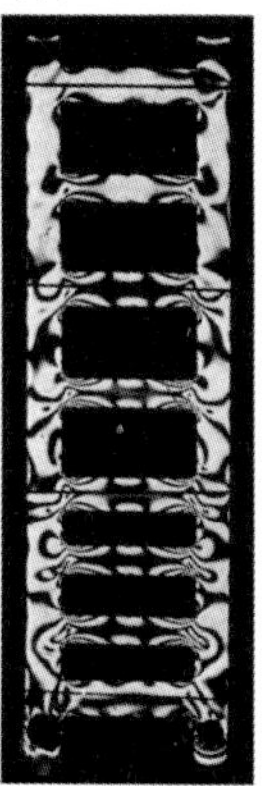

写真 2

図 1-(a)　図 1-(b)

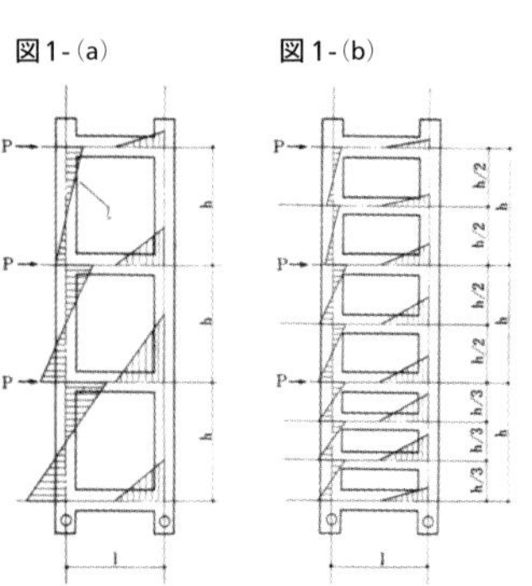

写真 1：横力をうけるラーメンの応力　(a) 貫梁なし　(b) 貫梁あり
図 1：梁・柱の曲げ　(a) 貫梁なし　(b) 貫梁あり
写真 2：組柱の架構での横力の応力を調べた光弾性。所蔵：情報建築

吊り床

床を空間に位置させるのに、引張材で上から吊る方法と圧縮材で下から支える方法とが考えられる。引張強さと圧縮強さとが等しい材料で、その両方法を比較してみる。

引張・圧縮の許容応力度をそれぞれ f_t・f_c とし、引張材に荷重 P が加わった場合、その材の必要断面積は $A_t = P'/f_t$ である。また圧縮材に同じ荷重 P が加わった場合のその材の必要断面積は $A_c = P'/f_c \cdot \omega$ となる。ω は挫屈係数で、$\omega \geqq 1.0$ であるため、$f_t = f_c$ であるから、$A_c \geqq A_t$ となる。$\omega = 1.0$ の場合は短柱の場合であり、一般建築物の柱では長柱の場合が多く、$\omega > 1.0$ であるから、$A_c > A_t$ となる。

したがって一般的には軸力材は圧縮材より引張材の方が断面積が小さくて済み、経済的であると言える。ホテル東光園の 5、6 階の客室の床は、この引張材を使用して 7 階の梁から同時に吊っている吊り床である。床を吊るためには吊り材を支えるのに上階に相当丈夫な梁材が必要であるが、本建物では 7 階が倉庫になっており、その壁を厚くして梁成階高分の丈夫な梁として利用することができた。吊り床階は図 1 のような伏図であるが、一枚の板が浮いているように見えたがデザイン的に好ましいので、床にはコンクリート床で厚さ 30cm の中空スラブを使用し、スパン 10.8m をとばして両側に 2.1m のはね出し床を設け、スパン中央の曲げモーメントを小さくした（中空スラブに関しては「建築文化」216 号参照）(p.35 図 8)。また中空スラブを受ける梁には梁成を中空スラブ厚と同じ 30cm にするために H 型鋼を入れ、それを吊り材で 4m 間隔に吊った。この床は中空スラブの特長をうまく生かした一例であろう。

吊り材には引張強度の特に高い P.C 鋼棒を使用し、被覆しても間仕切り壁の中におさまるようにした。

P.C 鋼棒の太さは、5 階で 16 φ、6 階で 24 φで、一ヵ所 2 本ずつ使用し、一ヵ所の引張力は 5 階で約 17ton、6 階で約 34ton である。P.C 鋼棒は強度は高いが、ヤング率は普通鋼棒と同じであるので伸びが大きく、前もって短かくしておかなければ荷重が加わった時に床が既定の高さよりも下がることになる。今回は床を柱に固定させておいたので、コンクリート強度が出てから仮枠およびサポートを外す前にP.C鋼棒用オイルジャッキで下から伸び長さだけ引張って締付け、鋼棒に床荷重を移した（p37. 下の写真2点）。

P.C鋼棒締付けは鋼棒の伸びと応力を測定しながら行った。結果は予想通りであった。吊り床は機能上、新設したり撤去したり移動したりする可能性のある床であり、建築設計上の自由性を発揮する上で効果のある方法であると考える。（依田定和）

トラス階段

トラス階段は図2に見るごとく、はね出し部分6mほどの階段で、1階より6階まで連続するものである。設計に当たっては階段部分の荷重を段板先端に働くものとし、応力はトラス状に働くものと仮定し、段板及び踊場の主要部分にスパイラルダクトを挿入して中空スラブとして設計した。またこの中空スラブには一部はね出し部分が付属し、捩りモーメントを受けるので有効と考えられる。

面外の応力は踊場の部分がはね出しとして作用するので、図3のごとくなる。これはトラス状階段であり、作用線の食い違いがあるので、面内に曲げモーメントを生ずるものと考えられる。設計用応力は図4a、bのごとくである。設計に当っては中空スラブ部分を梁断面と仮定し、軸力、捩りモーメント、および水平面の曲げモーメントに耐え得るように図5のごとく配筋した。これらの計算を検討するために実物の1/20のアクリル模型を製作して荷重実験を行ない、応力状態を確めた。載荷荷重は設計仮定荷重と同じ1.2t/㎡を載荷し、等分布荷重に近い状態を保つように計画した。

実験の結果、トラスと仮定した段板の部分の面外曲げ応力は予想通り非常に小さく、明らかにトラス状態に作用していることがわかり、外力のコンポーネントと釣合っている。また、面内の軸力は平面的に図6のごとく作用していて、図-7のごとく曲げモーメントを生ずる。これらの結果は計算の結果と全く一致している。

また、実物の階段に積載荷重を載せて応力を測定し、以上の結果を確かめた。（田中輝明）

初出：『建築文化』彰国社、1965年4月号、pp.80-81からの一部抜粋して再構成

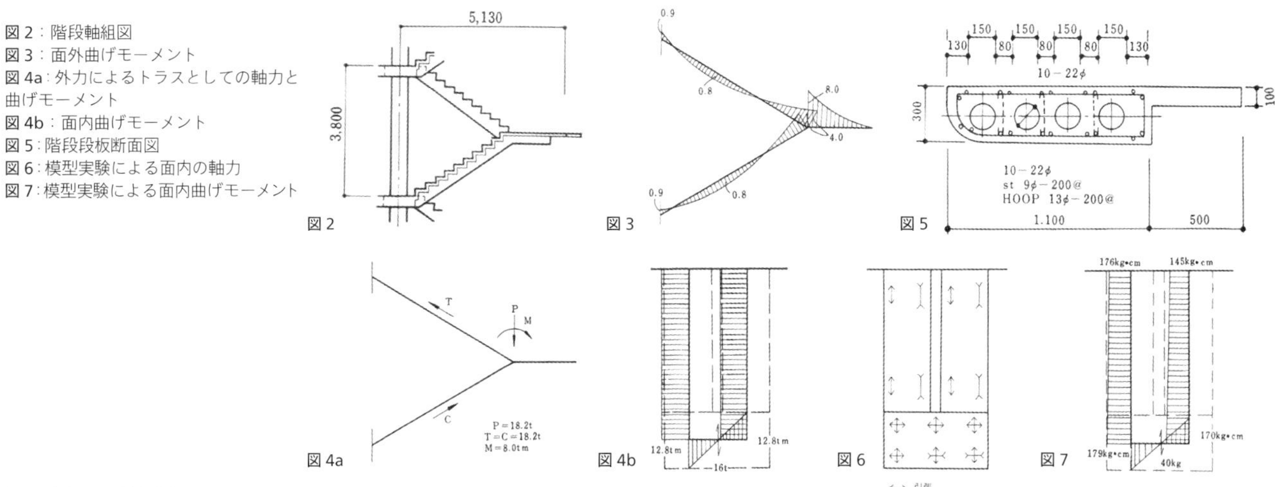

図2：階段軸組図
図3：面外曲げモーメント
図4a：外力によるトラスとしての軸力と曲げモーメント
図4b：面内曲げモーメント
図5：階段段板断面図
図6：模型実験による面内の軸力
図7：模型実験による面内曲げモーメント

図8：中空スラブ断面図

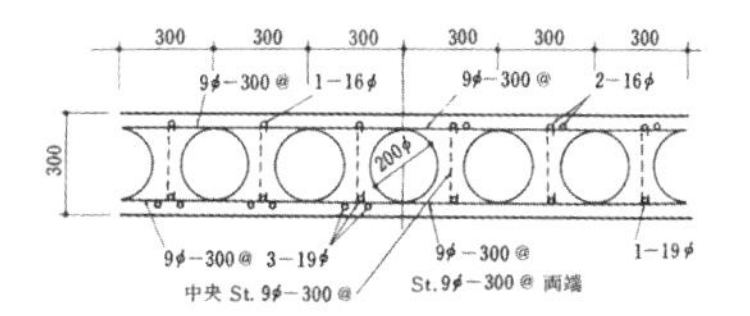

図9：P.C. 鋼棒取付け詳細

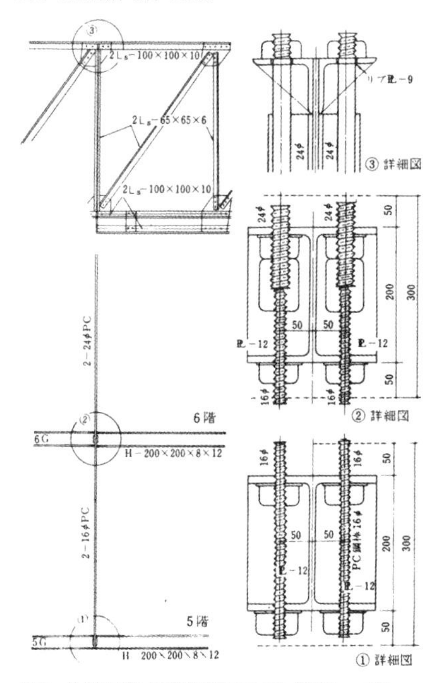

初出：松井源吾著『建築構造計画入門』彰国社、p.111

東光園本館の架構モデル。制作：中央工学校　監修：寺岡豊博（2011年）　撮影：瀬脇武（Echelle-1）

4 施工とディテール

設計監理の方法と実際

遠藤勝勧

われわれの監理は、建築の規模に関係なく所員1名でやってきた。1名の方が監理を通して自分の考えをデザインすることができるからである。

そのデザインを事務所に送り、所員一同で検討してもらう。検討済みのデザインを今一度自分の考えと比較する。正しいか正しくないか、最後の決定は自分でなくてはならない。正しくないと感じたときは、正しいと考えたものをデザインに仕上げて、前と同じ方法をくり返せばよい。その結果は、完成した建築のあらゆるところに担当者の個性が出るのであり、そのための1名である。それだけに担当者の責任は重大で、相当者の選定は事務所にとっても大切なことであり、慎重を期して決定するのである。

東光園の監理担当者が、63年10月15日に私に決定したことは、嬉しいことであった。その日より監理に専任することはできないが設計の残務整理の余暇をみて、監理に必要と思われるデータを集めた。

63年10月27日の地鎮祭を機に、私は何度も東京から現場施工打合せ会議に出席した。その往来の際、この工事を施工する各下請会社の技術能力や工事態度を私なりに調査しておいた。天候データ、労働力、現場員のチーム能力等である。また、材料の製作所所在地は大切なことで、工期の切迫したときのデザイン決定に大きな影響を与える。次に監理計画表の製作である。

施工者より提出された工程表の中に、デザインを考え始める時期、材料の決定する時期、設備および機械関係の打合せの時期等、設計中問題となり、未だに解決されずに残っているものも書き入れる。

自分の自信のないものほど早期にしておくのである。私の場合、ダムウエーターを例にとってみよう。

施工会社の工程は64年5月1日より64年8月15日である。私は半年以上早い63年10月30日に第1回の打合せを行なったのである。その結果は、ダムウエーターのシャフトを710mm広げないと、こちらで希望する機械が設置できないことがわかった。このため63年1月5日に施工会社より提出された基礎のコンクリート施工図の寸法を訂正することによって、基礎のコンクリートもシャフトの壁の立上りも、施工上何の抵抗もなく修正できたのである。もしこれが、検討なくコンクリートを打ち終えて64年5月1日を迎えていたら、おそらくダムウエーターだけの問題では済まされず、重大なことになったと思う。

監理予定表は、施工会社の現場員能力に応じて常に修正する必要がある。次に、私が監理をして自分の考えをどうデザインしていったかの一部を記し、参考に供したいと思う。

鉄骨工事

主体構造が鉄骨鉄筋コンクリート構造のため鉄骨工事は重要な位置にある。63年11月11日に1：20の施工図面が提出されたが、実のところこの建築をどこから手を着けてよいのか迷っているときだけに、この図面のチェックの方法には困った。

ただ寸法をチェックしたり、リベットの数をチェックすることは簡単なことであるが、これでは済まされないからである。われわれの設計は、いつも意匠と構造体が密接な関係をもって空間を構成しているからである。何度かいろいろな方法でチェックしたが、どうしても自分の納得のゆくまでに達しない。

試しにその図面の上に、青鉛筆で意匠図にもとづいてコンクリート打上げ図を描いてみた。そうすると、鉄骨の出るところもあるし、柱の長すぎるところ、梁の短いところ、一度に何でもわかることになる。

この方法で、主柱と大梁のおさまり上鉄骨のキャピタルが意匠図の梁幅より出てしまうことを発見した。この解決として、私は大梁にさらにコンクリートによる付け梁を思いついた。この方法が事務所で承認されたあと、その下にさらに新しい釣鐶をデザインし、追加しておいた。1階ロビーの中央柱に架構されている貫の位置については、設計中より疑問をもっていた私は、ここで思い切って、一方の貫を下にずらすことにしてみた。それは一層空間を力強く感じさせるような解決に思えた。

4階吹き抜け階の西側の梁を下げることは、アプローチの際に建築を見上げるとき、建物を透かして空がみえる結果にもなり、上部構造を一層明解なものにするように思う。このチェックの際、どうしても解決しなかったところがあった。屋上スカイルームの屋根を設計図どおりのフラットにしたくないと思ったからである。

いまノルウェーで生活をしているF.トンプソン君がまだ所員の頃、われわれがスケッチと図面で設計を発展するのに対して、図面のおそい彼はスケッチと模型で考えを競った。そんな時、彼の提案したH.Pシェルの模型をみて、その素晴らしい考え方が私から離れないものになっていた。監理も中頃に達した頃、とうとう私はその考えを発展し始め、現在のH.Pシェルの屋根ができあがった。これはこのときの図面チェックの効果があったからだと思っている。

また、現場で原寸図をチェックすることにより、リベットの施工不可能な個所を発見してボルト締めに訂正することができたり、材料として置いてある鉄板の大きさや厚さに改めておどろいたりしたことを記憶する。それでも、このとき注意しなかった溶接個所が、後の鉄骨中間検査で重大な問題に発展しようとは予期しなかったことである。

柱と梁は共にプレートの突合せ溶接加工のため、ユニオンメトル溶接機2台によって進められた。できあがりの製品はひずみがひどく、現場搬入を待たせプレス修正を必要とした。工場では300tonプレス機を新たに購入したりして大変だった。

いよいよ鉄骨の建方が64年2月25日より始まった。この頃、私も現地で監理に専任するようになった。日ごとに進む鉄骨工事をみて、あれほど大きく感じていた柱や梁も、この建築によくマッチした寸法であることを再確認することができ、特に上層部の軽快さには感激した。この状態のとき、松井研究室に鉄骨の中間検査を私からお願いした。

この検査で問題になったのが、柱と梁、柱と貫の溶接についてである。

突合せ溶接が必要なところを、スミ肉溶接が行なわれていた。一ヵ所はブリッジ溶接をされていた。これらは工事完了後は私たちには全然わからなくなってしまうもっとも危険なところである。

松井研究室の指示によって現場にガウジングをした後、溶接を行い、全部訂正することができたのは、タイミングの良い有効な検査であった。

コンクリート工事

コンクリート工事のデザインを考えることは、この建築の終局のデザインをすることである。私のコンクリート工事としての関係図は、63年10月30日のダムウエーターシャフトに始まり、64年9月30日に玄関屋根のコンクリート打ちが終了するまで続いた。

装飾の多いホテルの主体構造をコンクリート打放し仕上げにしようという設計の意図は、実のところ現地ではずい分と反対があったようだった。それを遂行するにはそれだけの打放し仕上げになるよう最善をつくさなければならない。主柱・添柱・貫の標準部分の試し打を行なうよう、施工会社に指示した。高さは1.200mである。結果は、根本はよいが上部は砂が出てとても悪い。調合およびスランプを変えて打ってみたが同じ結果となった。

私は内心、コンクリートの仕上面はあまり期待していなかった。それより材料の強度に注意するようにした。

この試し打を行なっているとき、4年前の九州で監理をしていたときにその建築を通してコンクリートのあらゆる目地を実験したことがあり、かなりの効果を上げたことを思い出し、その続きをこの試し打ちで行なった。仮枠を構成している板の中央に目地を切って、でき上りのコンクリートが凸目地になるようにした。これによってコンクリート仕上げ面の解決はされたようだ。この仮枠を、力を面で受けるような壁面には使用することをやめ、出雲大社庁ノ舎のプレキャストコンクリートの時採用されたビニール仮枠のシステムを再度使用してみた。打放し仮枠目地を検討中、雨量の多いこの地方のための水切りディテールも忘れずに実験しておいた。

5階・6階のスラブでは、東西方向にそれぞれ2.100mのキャンティレバーをもっている。

設計図では端部で t=180mm、先端で t=120mmのキャンティレバーである。この個所が異質に感じられるので、同じボイドを使用してスラブの下端を真平にしようと考えたが、今度はそこに使用するボイドの8.5万円がどこからも出ない。とうとう金額面でボイドをあきらめ、更に考えてデザインしたのが今のジョイストスラブである。

ボイドスラブと言えば、3階西側にある客室の浴槽が、スパン16.000mのボイドスラブのためにどうしても下げることができない。洋バスを使用すれば難なく解決することはわかっていても、どうしてもそれを使用したくない。ボイドスラブはＩ型梁の連続だと気が付き、1本1本独立しているなら浴槽に必要なだけのＩ型梁を全体に下げればよいことを発見する。1階ロビー天井に梁のように下がり、布張りの天井の見切りとして現われている。また5階・6階のスラブは、上部大梁より、P.C鋼棒によるサスペンション構造である。3階床コンクリート打ちの後、大梁のコンクリート打ちを行なった。

これは設計当初より早期にコンクリート打ちを考慮していたため、大梁のすぐ下をキーストンプレートにして、雨水およびコンクリート打ちの水が下層部の施工に影響しないよう考えられていた。

3階より大梁下端まで11.400mの空間を残して、高さ2.600m、南・北に7.200mのキャンティが出ている。大梁のコンクリート打ちは、ちょっと他では観られない光景であった。

5階・6階のコンクリート打ちが終り、64年8月1日、いよいよ松井研究室よりP.C鋼棒の固定をするため実験を兼ねてきてくれた。1本のP.C鋼棒に掛る力と、それによるP.C鋼棒の延びる長さを算定し、仮枠のあるうちに先に延ばして固定するのである。4階の天井に仮枠パネル1枚を設置し、30tonオイルジャッキでP.C鋼棒を引張るのである。作業は一見楽なようで、大変な仕事であった。2日間の予定が、昼夜兼行で4日間も掛ってしまった。P.C鋼棒が固定したあと、5階・6階の仮枠をはずしたが、その所要時間は整理まで含めてわずか3時間で終ってしまった。

あとに現われたものは、P.C鋼棒でサスペンションされたすばらしい空間と、美しい山陰の景色だけであった。

初出：『建築文化』彰国社、1965年4月号、pp.68-70

遠藤勝勧撮影による本館鉄骨建て方遠景（1963年頃撮影）。所蔵：情報建築

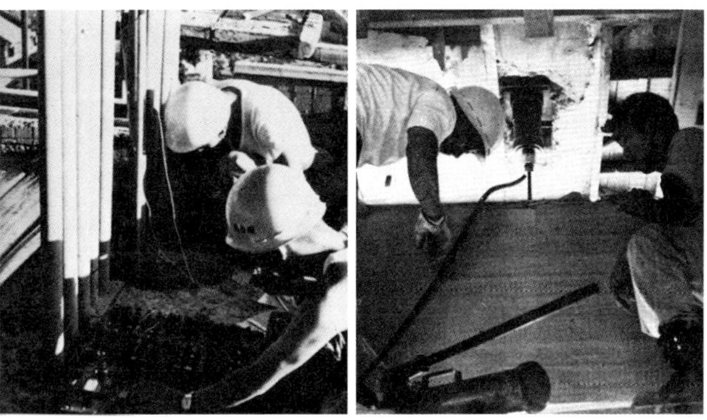
［左］P.C. 鋼棒の伸びと応力を測定している様子。
［右］オイルジャッキによるP.C. 鋼棒の締め付けの様子。
初出：ともに『建築文化』彰国社、1965年4月号　pp.80-81

［左上］庭園、日本海を望む階段。［左下］階段手すりのディテール。［右］ガラスで覆われた開放的な階段はトラス階段によって実現した（2020年撮影）。3点とも撮影：根本友樹

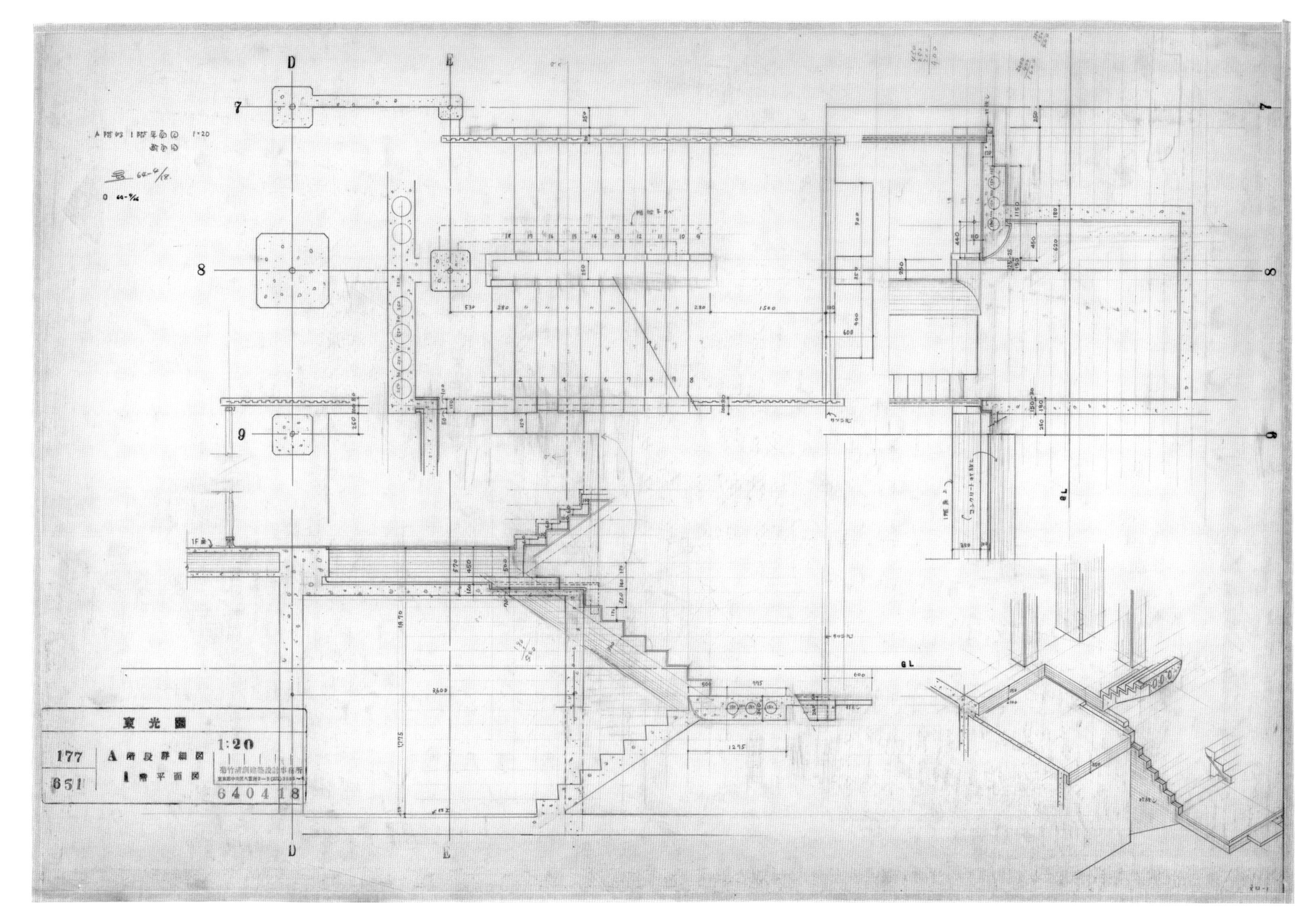

A 階段詳細図、1 階平面図

1：20 | 1964/04/18 | 541 × 800 | 鉛筆・インク・トレーシングペーパー | 情報建築

［上］本館竣工時と変わらず宿泊客を迎えるフロント。
［左］カウンター背面の格子は客室のキーボックスとなっている。ガラスと半透明のアクリルによって事務室の光が漏れ、鍵が浮かび上がるよう意図された（2020 年撮影）。
2 点とも撮影：根本友樹

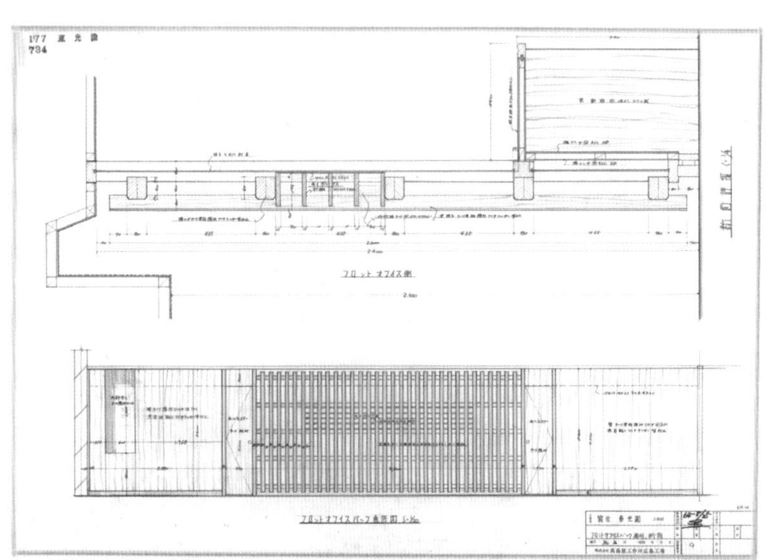

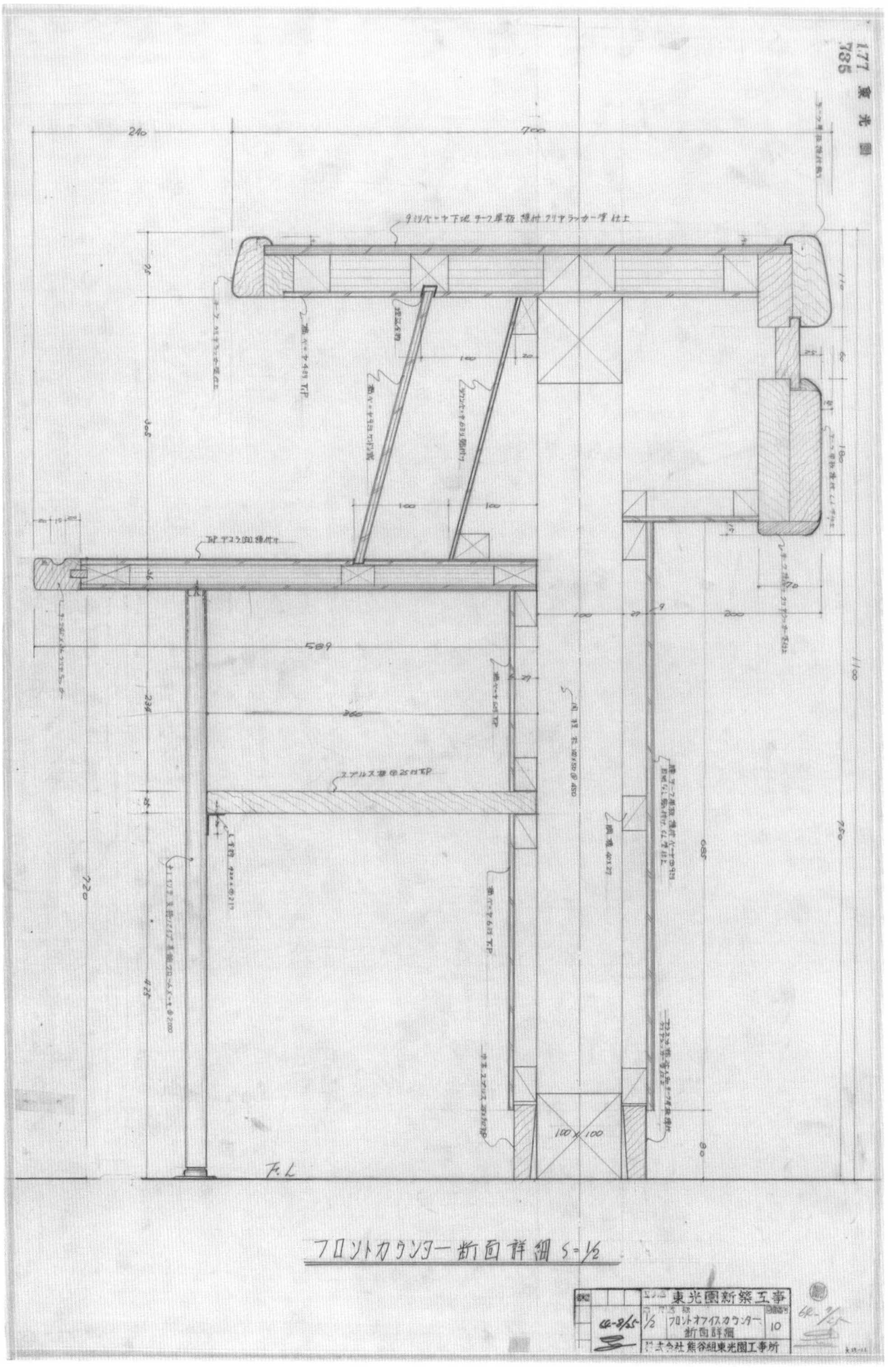

［左］**フロントオフィスバック展開、断面**
1：20、1：4 | 1964/08/25 | 508 × 747 | 鉛筆・インク・トレーシングペーパー | 情報建築
［右］**フロントカウンター断面詳細**
1：2 | 1964/07/25、1964/08/25 | 783 × 527 | 鉛筆・色鉛筆・インク・トレーシングペーパー | 情報建築

竣工当時の建具の様子がわかる西側外観。客室の建具は現在は更新されている（1964 年撮影）。 撮影：村井修

竣工時のオリジナル建具が残る 2 階共用部。上部障子は後に加えられたもの（2020 年撮影）。 撮影：根本友樹

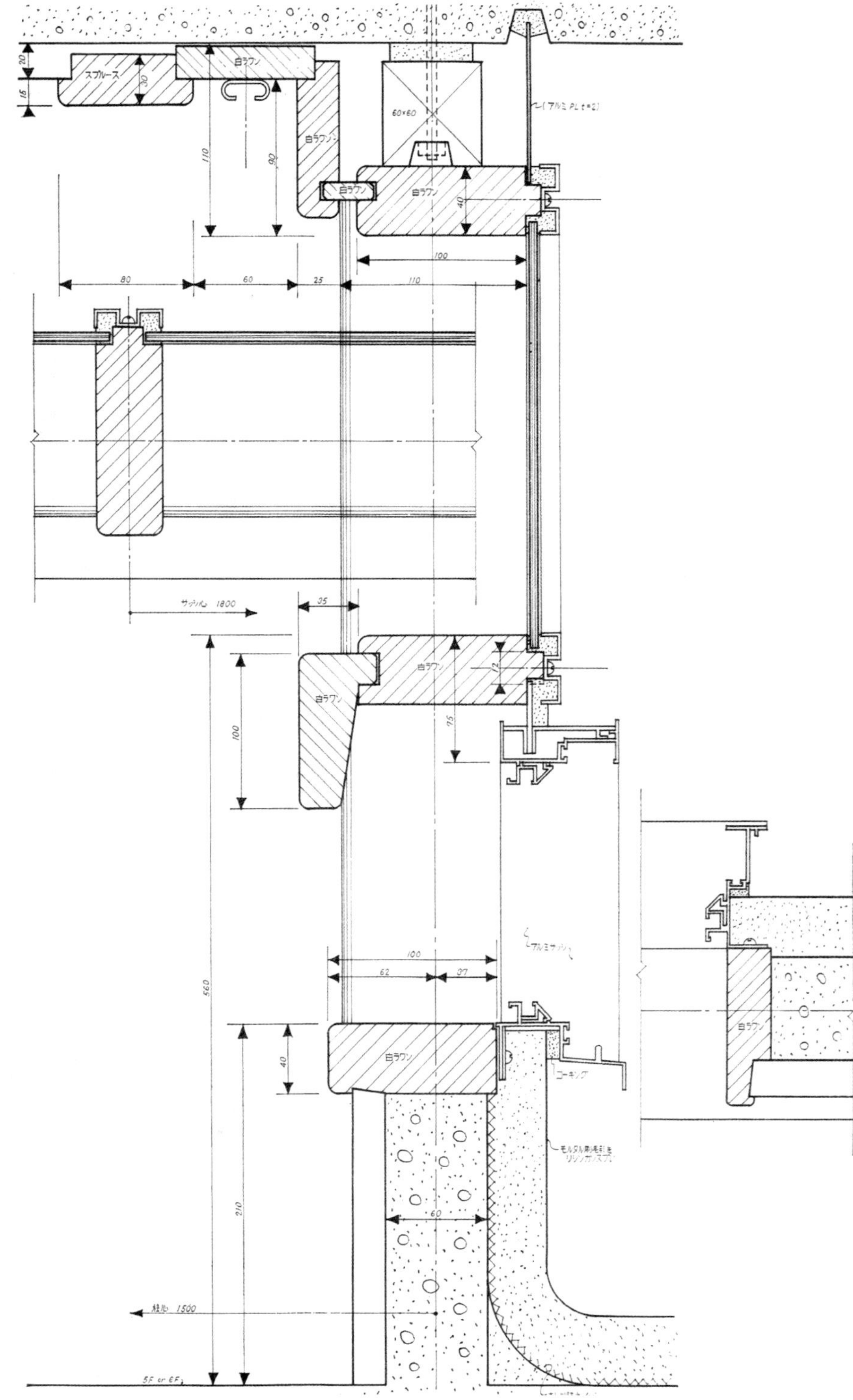

竣工時客室標準サッシュ詳細（ノンスケール）。初出：『建築』青銅社、1965 年 4 月号

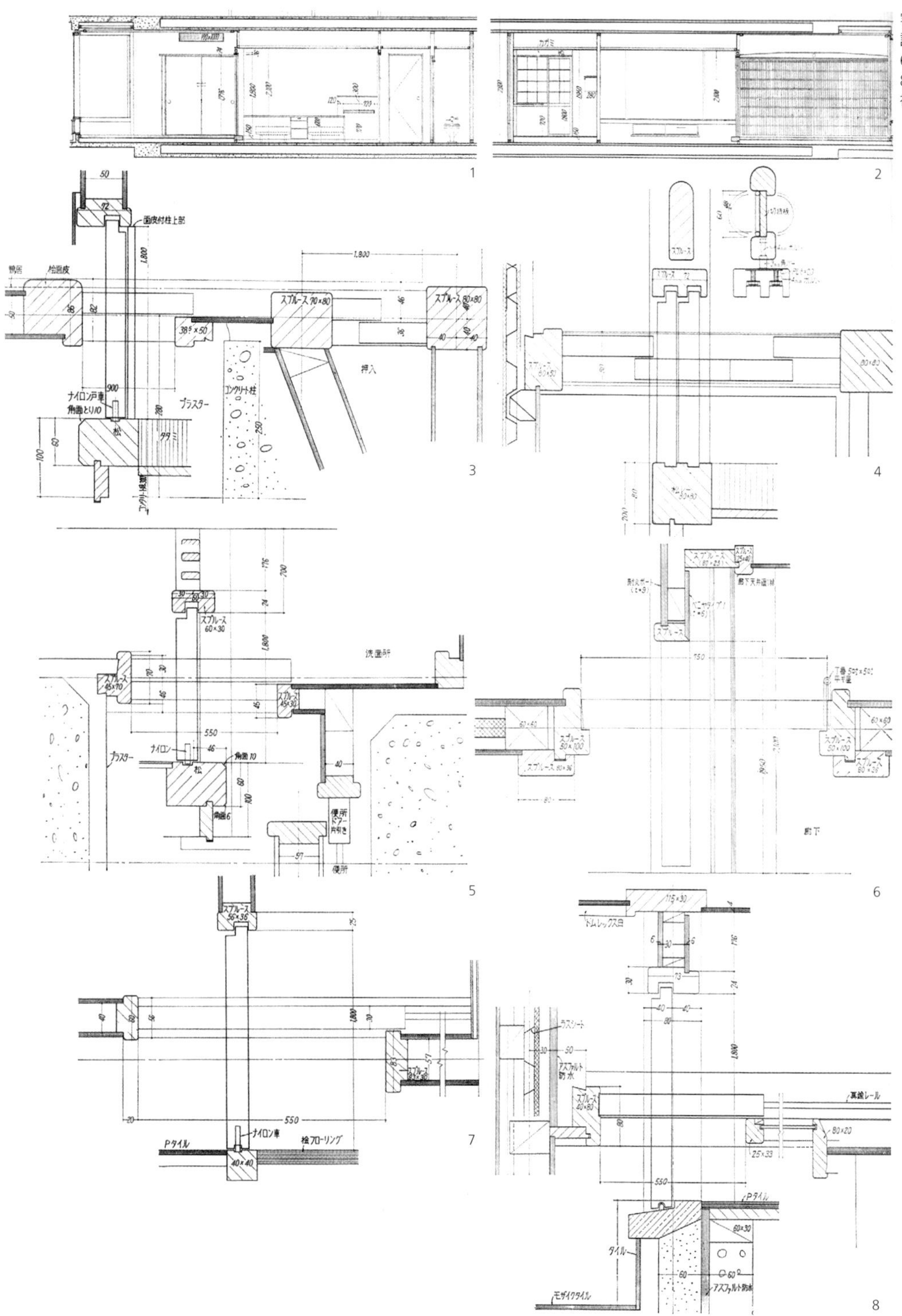

客室各部詳細。1. 2. 客室展開　3. フスマ詳細　4. 障子詳細　5. 洗面所引戸詳細　6. 客室ドア標準詳細　7. 便所引戸詳細　8. 浴室引戸詳細（ノンスケール）
初出：『建築』青銅社、1965 年 4 月号

本館客室内部。華美にならないよう丁寧に計画された木造作の様子がわかる。力がかからない柱は天井に達しないように意識された。撮影：村井修

©Osamu Murai

▶p.43　増築や維持のための更新を受け入れてきた現在の東光園の様子。ロビーをはじめ、「変わらない部分」として計画された本館の共用部は竣工時から大切に受け継がれている（2020 年撮影）。すべて撮影：根本友樹

5 彫刻家・デザイナーたちとの協働

彫刻家・流政之（1923-2018）による庭園が概ね完成していた東光園の中で、菊竹は、新たな本館がその中心となるように流と連携しながら、配置や機能の計画を進めた。菊竹は計画を進める中でロビーの装飾照明を彫刻家・向井良吉（1918 − 2010）、客室の襖や床の間のグラッフィクやロゴマーク、共用部の色彩計画をメタボリズムグループの一員である、グラフィックデザイナーの粟津潔（1929-2009）と協働している。また増築II期である東館でも、天井の装飾を情報彫刻家の菊竹清文（1944-）に委ねている。

東光園ロゴマーク。

［上］本館から流政之による庭園を見下ろす。［下］エレベーターシャフト上部には粟津によるロゴマークが配されている（2020 年撮影）。2 点とも撮影：根本友樹

©Osamu Murai

［下］竣工時の客室内部。襖、床の間には粟津潔による平仮名のバリエーションが配された（現存せず）。撮影：新建築写真部
［右上］ロビーから庭園を望む。装飾照明は彫刻家・向井良吉が手がけた（現存せず）。金属製のものに更新されている現在のペンダント照明も向井の手によるもの。共用部の色彩計画も粟津との協働による。撮影：村井修
［右下］東館の宴会場内部。天井の銅板装飾は情報彫刻家・菊竹清文の協力による（1979 年撮影）。撮影：植田正治

▶p.45　庭園から見るロビー夕景。装飾照明は庭園の樹木に光が灯るように意図された。撮影：藤塚光政（helico）初出：『approach』竹中工務店、2020 年春号

執筆者他略歴

菊竹清訓［きくたけ　きよのり］

1928年　福岡県久留米市生まれ
1948年　広島平和記念カトリック聖堂建築競技設計3等入賞
1950年　早稲田大学理工学部建築学科卒業
1953年　菊竹建築研究所開設。のちに菊竹清訓建築設計事務所に改称
1959年　メタボリズム・グループ結成
1960年　世界デザイン会議にパネリストとして出席
1961年　〈か・かた・かたち〉の方法論発表
1963年　第15回日本建築学会作品賞受賞（出雲大社庁の舎）
1964年　第7回汎太平洋賞受賞（AIA）、第14回芸術選奨文部大臣賞受賞（出雲大社庁の舎）
1970年　日本建築学会特別賞（日本万国博覧会ランドマークタワー）
1971年　アメリカ建築家協会（AIA）特別名誉会員
1975年　沖縄国際海洋博覧会日本政府出展施設「アクアポリス」空間意匠プロデューサー
1978年　第8回オーギュスト・ペレー賞受賞（UIA）
1980年　第21回毎日芸術賞受賞
1988年　なら・シルクロード博ハードプロデューサー
1991年　国際建築アカデミー会員／日本マクロエンジニアリング学会会長
1994年　フランス建築アカデミー会員
1995年　早稲田大学より工学博士学位取得（軸力ドームの理論とデザイン）
1996年　長野オリンピック冬季競技大会空間構成監督
1998年　日本建築士会連合会会長
2003年　国際建築アカデミークリスタルグローブ大賞受賞
2005年　愛・地球博総合プロデューサー
2006年　旭日中綬章受賞、早稲田大学芸術功労者賞受賞
2007年　日本建築栄誉賞受賞（日本建築士会連合会）
2011年　逝去

松井源吾［まつい　げんご］

建築家・構造家
1920年佐渡生まれ。1948年早稲田大学大学院修了、同講師。1952年早稲田大学助教授、1960年工学博士、1961年早稲田大学教授。1968年日本建築学会賞受賞。1996年逝去

伊東豊雄［いとう　とよお］

建築家・伊東豊雄建築設計事務所代表
1941年生まれ。1965年東京大学工学部建築学科卒業。1965～69年菊竹清訓建築設計事務所勤務。1971年アーバンロボット設立。1979年伊東豊雄建築設計事務所に改称

依田定和［よだ　さだかず］

建築家・構造家
1937年生まれ。早稲田大学松井源吾研究室個人助手を経て、O.R.S事務所を設立、代表取締役。2021年逝去

田中輝明［たなか　てるあき］

建築家・構造家
1933年生まれ。早稲田大学松井源吾研究室を経て、国士舘大学工学部建築学科講師・助教授・教授・名誉教授を歴任。2011年逝去

オーラルヒストリー聞き手

古谷誠章［ふるや　のぶあき］

建築家・早稲田大学教授
1955年東京生まれ。1980年早稲田大学大学院修了。1994年早稲田大学助教授、NASCA設立。1997年早稲田大学理工学部教授。2014年より文化庁国立近現代建築資料館調査・研究事業受託責任者（菊竹清訓資料）

東光園の概要

本館
構造｜早稲田大学松井源吾構造研究室
設備｜早稲田大学井上宇市設備研究室
協力｜室内・グラフィックデザイン：粟津潔
装飾照明：向井良吉
家具：水之江忠臣、菊竹清訓建築設計事務所
造園：流政之

構造｜鉄骨鉄筋コンクリート造
階数｜地上7階、地下1階、塔屋3階
建築面積｜485.80m^2
延床面積｜3,355.58m^2

施工期間｜1963年10月-1964年10月
施工｜熊谷組（施工協力：八田建設）
電気工事：中国電気工事
給排水衛生工事：天王工業
冷暖房工事：天王工業
昇降機工事：日立製作所

新館 I 期（北館）
構造｜松井源吾＋0.R.S.事務所
設備｜工学院大水野宏道研究室、大滝設備事務所
積算｜団建築積算事務所
協力｜色彩・グラフィックデザイン 粟津潔
造園｜流政之
中庭石組｜堀越石工場
構造規模｜鉄筋コンクリート造 地上5階、一部鉄骨造
建築面積｜1,396.41 m^2
延床面積｜5,915.42 m^2（ピロティー部 548.10 m^{2}含む）
施工｜浅沼組
電気・給排水衛生・冷暖房工事：中国電気工事
昇降機工事：三菱電機
施工期間｜1971年9月-1972年7月

新館 II 期（東館）
構造｜松井源吾+0.R.S.事務所
設備｜工学院大水野宏道研究室、大滝設備事務所
積算｜団建築積算事務所
協力｜天井銅板装飾 菊竹清文
家具：天童木工、日本総業、二葉家具、
ハーマンミラー
造園：内藤造園、堀越石材
構造規模｜鉄筋コンクリート造
地上5階地下1階
敷地面積｜23,074.00 m^2
建築面積｜1,742.95m^2
延床面積｜5,928.00 m^2
施工｜浅沼組
設備工事：中国電気工事
インテリア：一畑百貨店
施工期間｜1979年1月-1979年10月

作品掲載誌・書籍一覧

東光園本館
『菊竹清訓 作品と方法』美術出版社、1965年4月発行
『建築』青銅社、1963年9月号
『建築』青銅社、1965年4月号
『建築文化』彰国社、1965年4月号
『新建築』新建築社、1965年4月号
『新建築』新建築社、2012年5月号臨時増刊号（再掲載）
『近代建築』近代建築社、1965年4月号
『ジャパン・インテリア』ジャパン・インテリア、1965年4月号
『AD』1965年11月発行
『Baumeister』1966年2月発行
『L'Architecture d'Aujourd'hui』1966年127号

新館 I 期
『新建築』新建築社、1973年3月号
『建築』青銅社、1975年1月号
『SD』鹿島出版会、1980年10月号

新館 II 期
『SD』鹿島出版会、1980年10月号

※一部の写真については撮影者不明・連絡先不明となっております。著作権者、もしくは連絡先をご存知の方は、お手数ですがEchelle-1（エシェル・アン）までご連絡ください。☎ 03-3513-5826

皆生温泉　東光園ホームページ
http://www.toukouen.com
住所：鳥取県米子市皆生温泉 3-17-7

菊竹清訓 東光園

監修 遠藤勝勧

編 斎藤信吾、塚本二朗、Echelle-1（下田泰也・鈴木真理子）

企画 Echelle-1（下田泰也）

編集協力 来間直樹、鹿田健一朗
早稲田大学理工学術院 古谷誠章・藤井由理研究室（担当：池田理哲、輪嶋優一、荒川怜音名、伊藤丈治、宋金璇、Wang Shuqi、西那巳子、天野紗弥香、茅野紗由）
あかるい建築計画
岡久仁子

資料協力 文化庁国立近現代建築資料館

特別協力 皆生温泉 東光園
情報建築、スミス睦子、菊竹雪、大上かすみ、菊竹三訓
国立米子工業高等専門学校（高増佳子、田中晋、河本幸樹、松本颯人、野田柚月、谷森充啓）
日本建築家協会［JIA］中国支部

校正 茶木真理子

デザイン オフィスヒューガ（日向麻梨子）

印刷・製本 株式会社埼京印刷

発行人 馬場栄一

発行 株式会社建築資料研究社
東京都豊島区池袋2-10-7 ビルディングK 6F
Tel. 03-3986-3239

2021年5月20日 初版第1刷発行

ISBN 978-4-86358-724-3

監修・編者経歴

遠藤勝勧［えんどう しょうかん］

建築家｜遠藤勝勧建築設計室一級建築事務所主宰
1934年生まれ。1954年早稲田大学工業高等学校卒業。1955〜94年菊竹清訓建築設計事務所勤務。1996年〜遠藤勝勧建築設計室一級建築事務所主宰

斎藤信吾［さいとう しんご］

建築家｜あかるい建築計画共同代表
2011〜12年EM2N（IAESTE）。2012年早稲田大学大学院修士課程修了。2012〜15年早稲田大学助手。2014〜21年文化庁国立近現代建築資料館調査・研究事業責任者（菊竹清訓資料）。2015〜18年早稲田大学助教。2018〜20年早稲田大学専任講師。2021年〜東京理科大学助教。2018年〜あかるい建築計画共同代表

塚本二朗［つかもと じろう］

建築家｜塚本二朗建築設計事務所主宰
1992年関西大学経済学部経済学科卒業。1996年関西大学工学部建築学科卒業。1996〜2010年菊竹清訓建築設計事務所勤務。2012年〜塚本二朗建築設計事務所主宰

Echelle-1（エシェル・アン）

http://echelle-1.com
建築資料研究社発行『MODERN MOVEMENT』シリーズの企画・編集を担当。

【既刊】
- 『吉阪隆正｜大学セミナーハウス』2016年11月発行 齊藤祐子 編著、北田英治 写真
- 『吉阪隆正｜ヴェネツィア・ビエンナーレ日本館』2017年12月発行 齊藤祐子 構成、北田英治 写真
- 『アジール・フロッタンの奇蹟―ル・コルビュジエの浮かぶ建築―』2018年8月発行 遠藤秀平・西尾圭悟 編著
- 『坂倉準三〈パリ万国博覧会 日本館〉』2019年2月発行 J.SAKAKURA ARCHITECTE PARIS-TOKYO実行委員会 編
- 『菊竹清訓｜都城市民会館』2019年12月発行 日本建築学会都城市民会館調査記録WG 編
- 『アジール・フロッタンの奇蹟 II』2021年3月発行 遠藤秀平 編著
- 『吉阪隆正＋U研究室｜実験住居』2020年6月発行 齊藤祐子 構成、北田英治 写真

※本書の編者、斎藤信吾・塚本二朗・Echelle-1の編者として、前作に『菊竹清訓 山陰と建築』がある。2021年3月発行